*The Phantom Public*

*Walter Lippmann*

# 幻影公众

[美]沃尔特·李普曼 著

林牧茵 译

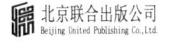

雅众文化 出品

献给勒尼德·汉德

"民众的声音被称为上帝的声音:但是,无论这一格言多么广泛地被引用和信奉,它不是事实。"——亚历山大·汉密尔顿(Alexander Hamilton),1787年6月18日于联邦制宪会议。(耶茨[Yates]注,引自《阐述美国革命的原始资料及文件》[*Sources and Documents Illustrating the American Revolution*],S. G. 莫里森[S. G. Morison]编)

"……想一想将'公众舆论执政'作为一种准则……这是个值得赞美的准则,但是它不仅预先假设了公众舆论的存在,而且还假设在任何具体问题上,公众舆论都随时可以做出决断。事实上,它预先假设了民主治理中至高无上的政治家是公众舆论。然而,民主治理中的很多问题说明,公众舆论根本就不是什么伟大的政治家。"——摘自格雷子爵[1]1923年2月3日发表的演讲《关于公众生活的一些思考》

1 爱德华·格雷子爵(Viscount Grey of Fallodon，1862—1933年)，曾任英国政府官员，其中1905年至—1916年任外交大臣，1914年主张对德宣战。——译注

目录

中文版译者序 / 1
英文版重印本编者序（2011）/ 27
英文版编者序（1993）/ 29

## 第一部分
第一章　幻灭之人 / 003
第二章　无法实现的理想 / 010
第三章　代理人与旁观者 / 023
第四章　公众能做什么 / 033
第五章　抑制专制 / 040

## 第二部分
第六章　亚里士多德之问 / 051
第七章　问题的本质 / 054

第八章　社会契约 / 065
第九章　公众面对的两个问题 / 074
第十章　公开辩论的主要价值 / 076
第十一章　有缺陷的规则 / 080
第十二章　改革的标准 / 088
第十三章　公众舆论的原则 / 100

## 第三部分

第十四章　社会归位 / 109
第十五章　缺位的统治者 / 122
第十六章　混乱的领域 / 132

索引 / 142

# 译者序

《幻影公众》(The Phantom Public)一书出版于1925年,作者沃尔特·李普曼在书中对传统民主理论提出质疑,认为建立在民众广泛参政基础上的传统民主只是一个神话,传统民主理论所塑造的神圣的公众形象只是一个幻影。公众无法真正拥有至高无上的政治统治权,他们必须走下圣坛,去做他们该做的事。李普曼彻底击碎了传统民主理论所塑造的公众形象,向人们展示出一个完全不同的令人失望但更接近真实的公众形象。与此同时,李普曼大胆地对民主弊端进行抨击,提出自己的观点。

沃尔特·李普曼是20世纪美国著名的专栏作家，曾直接或间接地为12位美国总统出谋划策。从1913年跨入新闻领域直到逝世，他留下了1000余万字上万篇专栏文章，出版了20多部著作[1]，影响了几代美国人的思维方式。他还曾两度获得普利策新闻奖。

第二次世界大战结束后不久，李普曼针对乔治·凯南（George Kennan）所倡导的"遏制战略"写就了一系列反驳文章，轰动世界政坛。这些专栏文章集结成《冷战》（*The Cold War*）一书，"冷战"一词遂成为20世纪下半叶国际关系领域最流行的术语。李普曼的冷战思想对美苏战略产生了深刻影响，是冷战时期美国思想领域三大派别中现实主义派的代表。

李普曼的著作大多与美国的政治生活紧密相连。

---

[1] 李普曼的主要著作有：*A Preface to Politics*(1913); *Drift and Mastery: An Attempt to Diagnose the Current Unrest*(1914); *The Stakes of Diplomacy*(1915); *The Political Scene*(1919); *Liberty and the News*(1920); *Public Opinion*(1922); *The Phantom Public*(1925); *Men of Destiny*(1927); *American Inquisitors*(1928); *A Preface to Morals*(1929); *Interpretations 1931-1932*(1932); *The Method of Freedom*(1934); *The New Imperative*(1935); *Interpretations 1933-1935*(1936); *The Good Society*(1937); *U. S. Foreign Policy：Shield of the Republic*(1943); *U. S. War Aims*(1944); *The Cold War*(1947); *The Public Philosophy*(1955); *The Communist World and Ours*(1959); *The Coming Tests with Russia*(1961).

他结合亲身经历,阐述对民主政治的思考,独到而理性,不仅帮助普通公众透析纷繁复杂的政治现象,也在潜移默化中影响着政治决策者,进而对美国的内政外交决策产生一定影响。

## 写作背景

据罗纳德·斯蒂尔所著的《李普曼传》[1]记载,1923年6月,李普曼在纽约长岛韦丁河村着手《幻影公众》一书的写作,经过一个夏天的挥笔著述,他完成了10万字的初稿,后经删繁就简于1925年出版。李普曼将这本书献给勒尼德·汉德[2]先生,他在写给这位法官的信中说:"我力图阐明,假如舆论本身在知识和精神质量方面没有任何改进,舆论会起什么

---

1 罗纳德·斯蒂尔,《李普曼传》,于滨、陈小平、谈锋译,新华出版社,1982年。
2 勒尼德·汉德(Learned Hand,1872—1961),从未在美国联邦最高法院任职,却被认为是美国历史上最伟大的法官之一。汉德于1909年被任命为联邦法官,1924年进入美国上诉法院。1939年至1951年,他作为上诉法院的首席法官,以其才学、智慧和对民主原则的深刻信念成为全国最有影响的法官之一。

作用，怎样做才能更为行之有效。"[1]

李普曼之所以对舆论本身产生怀疑，与他在第一次世界大战期间的所见所闻密不可分。虽然美国以言论自由作为立国的原则之一，但政府仍然可以影响媒体，引导舆论。事实上，很多政府官员都曾试图影响甚至控制媒体对国内外事务的报道，他们很清楚媒体的重要性，清楚媒体对舆论的影响力。《幻影公众》写作之时正是第一次世界大战结束不久，美国政府对媒体的干涉与压制在战争时期表现得淋漓尽致。

1917年，美国刚刚介入第一次世界大战，威尔逊总统为了平息国内的反对意见，设立了一个新的宣传机构——"公共信息委员会"（Committee on Public Information）大力宣扬战争。国会以惊人的速度一致通过了《反间谍法》（Espionage Act, 1917）和《反煽动叛乱法》（Sedition Act, 1918），如果有人阻挠政府发行公债，阻拦征兵或对政府和军人嗤之以鼻，就会被诉诸法律。[2] 政府还建立了一个全国的情报网，派人渗透到那些被认为是"危险"的组织中去，可以不经批

---

[1] 罗纳德·斯蒂尔，《李普曼传》，同前，第328页。
[2] 约翰·亚当斯（John Adams）政府（1797—1801）颁布了《外侨管制法》和《反煽动叛乱法》，旨在镇压政治上的反对派。

准对这些组织进行突然搜查。1918年,美国政府对国内舆论的镇压愈演愈烈。大批工会领袖被起诉,观点激进的杂志被禁止发行,持和平主义观点的杂志受到刁难,政府还拒绝向有"嫌疑"的杂志提供发行优惠。更多的"极端分子"被逮捕,许多改革者受到恐吓。

李普曼对政府的新闻检查和故意歪曲有关美国干涉俄国的消息极为不满,他指责说:"自从约翰·亚当斯以来,还未曾见过执政者对宪法规定的自由进行了如此坚决执意而异常危险的进攻。对异己分子不经审讯就加以驱逐,对政治犯残酷判处,以及新闻检查和压制言论的做法,凡此种种都构成了一个恐怖的君主统治,在这个统治下,不允许有诚实正直的思想,不支持温和节制的做法,疯狂取代了理性。"[1]

李普曼体会到舆论宣传是可以被左右的,甚至是可以被制造出来的。他放弃了在第一次世界大战之前所持有的新闻传播可以极大增进美国民主的信仰,并把他的思考记录在《舆论》(*Public Opinion*)一书中,作为该书的续篇,《幻影公众》继续对此进行了深入解读。此外,还有许多自由思想者认识到问题的

---

[1] 罗纳德·斯蒂尔,《李普曼传》,同前,第257页。

严重性。他们意识到，单靠政府压制舆论，绝不是引导公众的有效方法和可取的行动方式。他们从战时宣传的失误中吸取教训，并从早期广告业的成功实践中获得启发，纷纷发表见解，提出各自的主张。

在对公众舆论的基本认识方面，这些自由思想者的观点产生了分歧。一方认为，公众可以而且应该参与民主。另一方对此嗤之以鼻，认为公众是无知的，他们只是偶尔参与投票，表明自己支持的立场，无法在政治领域发挥实质性的作用。上述两种不同立场的代表人物分别是美国哲学家约翰·杜威（John Dewey）以及沃尔特·李普曼。杜威在《幻影公众》出版之后随即撰写《公众及其问题》（*The Public and Its Problems*）一书作为回应，为公众在民主生活中的作用进行辩护。双方观点形成论战之势，至今为人所称道。

# 向传统民主理论提出挑战

## 一、神圣而至高无上的公众只是一个幻影

《幻影公众》与《舆论》这两本书都以"公众"作为研究主体,彻底击碎了传统民主理论所塑造的神话般的公众形象,塑造出一个完全不同的、令人失望的,但却更接近真实的公众形象。与此同时,李普曼大胆地对民主弊端进行抨击,提出自己的观点。两书间隔三年相继出版,互为补充和呼应,阐明了李普曼独到的民主理论见解。

西方启蒙时代的思想家约翰·弥尔顿(John Milton)、让-雅克·卢梭(Jean-Jacques Rousseau)和约翰·斯图尔特·穆勒(John Stuart Mill)等崇尚理性自由和"天赋人权",认为人们可以自由而尽情地表达见解,形成公意,发现并发展真理。如果一个普通公民是有理智的并充分了解事实的话,他会对公共事务做出明智的判断。传统民主理论家将公众描绘成神圣的、至高无上的,拥有超越个体意愿的统一意志,是由个体公民组成的有机体,具有极高的智慧,能够应

对各种问题，是无私与普世的代名词，是法律和道德的楷模，等等。

与之相反，李普曼认为公众完全不是传统的民主理论家所描绘的那样，而仅仅是根植于错误哲学理论中的一个"幻影"。

在《幻影公众》一书中，李普曼强调了普通公众对于政治事务的茫然。无法指望时间、精力、获得的信息都极其有限的公众能够理性地对政治事务进行恰当的解读和处理。李普曼认为，明智的选择是请他们放下肩头管理国家事务的担子，把它交由能够更好地了解问题并采取行动的"局内人"。李普曼开篇就把公众比喻成坐在剧院后排的聋哑观众，他们对眼前发生的一切表现得麻木而茫然。

但是，李普曼并不认为公众在政治事务中不起任何作用，他们的任务是识别那些有决断力的人，赞同或反对一项提议，在两个竞争的党派中进行选择，支持或反对那些拥有权力和知识可以采取行动的人。尽管民主理论认为人民至高无上，但其实这种至高无上的权力在很大程度上只意味着说"同意"或者"不同意"，公众的这种角色定位是由他们处于事件外围这一事实决定的[1]。李普曼认为,作为局外人,"公众必须归位,做他能力所及的事,这样我们每个人就可以摆脱迷惑的野兽般的肆虐和怒吼,享受自由的生活"[2]。

## 二、民主程序与制度设计中存在弊端

在发现并揭示公众舆论实质的过程中,李普曼对民主制度的思考也在逐步深入。他开始怀疑民主的程序和制度设计,认为选举埋没了民主的本质。民主权力起源的正义不代表民主权力行使过程的正义。"我们走进一个投票站,在一张纸上,从两个,或三个,或四个选项中,勾出一个名字。这样我们就已经表达出了自己对美国公共政策的看法了吗?我们会在这件事情或那件事情上,有许多不确定的想法,但是,显然,在纸上简单地勾划,根本无法表达这些复杂的想法。"[3]更何况有三分之一的选民因各种理由拒绝投票,参与投票的选民也并非都出于理性和民主理想。因此李普曼认为,通过选举的方式来表达公众意愿的理

---

1　引自本书第034页。
2　引自本书第109页。
3　引自本书第035页。

想也只是一种幻想。

他对选举本身的意义进行了颠覆性的解释。他认为，选举一点都不像竞选者所描述的那样，是所谓的决定国家命运的公众意志的表达。选举只是一场游戏，"只意味着政治事务的管理中出现一些新面孔，也许政务管理的总基调会略有差异"[1]。而执政党与在野党的真正区别在于，执政党上任后，对政策的承诺和与特殊利益集团的纠缠如此之深，使他们失去了判断问题的中立立场。他们无法约束与其结盟的利益集团的肆意妄为。轮到在野党执政，他们需要重新建立一种平衡。在野党的价值在于，他们并不致力于那些已经被高估的特殊政策和特殊利益。但是，当政权更替，在野党变成执政党，于是"嫉妒转变为贪婪"。李普曼在书中悲观地写道："这个折磨民主政治的痼疾似乎无法通过民主自身的方式来解决。"[2]

该如何摆脱植根于民主本质中的痼疾呢？李普曼认为不能像很多改革者所设想的那样，以实行更多的民主来进行纠正，也就是不能靠扩大选举权或动员人们去投票来纠正。"显然，前面所说的所有选民

---

1　引自本书第090页。
2　引自本书第134页。

都热切地渴望参政，这是荒谬的设想……如果选民没有时间，没有兴趣，没有相关的知识，便无法把握问题的细节，他就不会时常拥有高明的舆论主张，他只能迷惑而倦怠地更加倾向于遵从他人的意见。"[1] 所以，在李普曼看来，对普通公众给予过高的期待是不合适的。

## 三、"大众暴虐"无法引领社会走向民主

不仅如此，李普曼认为，让无知懵懂的公众通过选举来体现多数裁定原则（majority rule）内在的道德与智慧，非但荒谬而且存在更大的风险，即"大众暴虐"。李普曼提出，如果公众及其权力被夸大并失去控制，民主作用将无法体现。"在我们的时代，多数人的权力趋向于专横和绝对。因此，限制多数人的权力，解散他们的力量很可能就是关注自由的人们的当务之急。"[2] "民主的错误理想只能走向幻灭或好管闲事的暴政。"[3]

---

[1] 引自本书第020页。
[2] 罗纳德·斯蒂尔，《李普曼传》，同前，第339页。
[3] 引自本书第109页。

李普曼认为，19世纪被普遍接受的"大多数人的意志是上帝的声音"，这一说法是谬论，是自欺欺人的。他认为，实际上那只不过是君权神授的一种新面目，"在我看来，多数统治仅仅是一个有限的政治工具，当与民主发生冲突时，我们要理直气壮地反对多数"。[1] 他认为，在政治领域中，多数裁定原则并没有体现出道德优势，它只能证明在文明社会中多数人的权力必须得以体现。基于多数裁定原则的选举是人民战争的升华和变体，是没有流血的暴动。"以多数人统治原则为基础的选举在历史和现实中都是一场人为抬高其身价和失去自然属性的内战。……在这场战争中，只要清点交战双方军队的人数，在血肉飞溅之前，胜利就被赋予了人数较多的军队。"[2] 我们不能够说51%的人比49%的人好，那只意味着一方的人数更多一些而已。"在一个靠力量来统治的世界里，也许少数人可能不得不暂时屈服，但是，不应认为其结果在道义上也有效。在这方面，多数人的选票不能决定任何事情，而且他们丝毫也不值得尊敬。"[3]

---

[1] 罗纳德·斯蒂尔，《李普曼传》，同前，第336页。
[2] 同上，第333页。
[3] 同上，第338页。

# 试图探索民主优化的新途径

## 一、重塑"公众"形象

虽然李普曼不认可传统民主理论塑造的神圣无比的公众形象，但他并没有对公众在公共事务中的作用全盘否定。他认为，公众有其特殊作用，即在危机状态中，制衡强权专制力量。在李普曼看来，民主政治理论应该用更加成熟客观的态度来理解"公众"。他的结论是："公众舆论不是上帝的声音，也不是社会的声音，只不过是有一定利益相关性的旁观者的声音。"[1]

作为一种力量储备，李普曼认为，危机来临之时，公众在相应的机制运作下，在适当的引领和调教下，可以用来制止专权的倾向，从而为制定法律创造良好条件。如果各利益相关方无法达成一致，如果问题演变成为骚动或持久危机，那么局内人中的反对势力将以国家的希望为名，动员旁观者站在他们的立场上采取行动。

---

1  引自本书第139页。

如果公众能够帮助他人坚持合理的意愿，那么他们就已经做得足够多了，他们就已经尽己所能了。李普曼在书中写道："公众只在危机时刻才有必要干预进来，不是去处理问题本身，而是制衡专权力量。这一理论主张有效地利用公众力量，尽可能少地参与他们无法胜任的工作。这一理论界定了公众职责，作为公众，去做他们能做的事，去关注社会中与他们利益最为相关的事，去参与他们能够帮助平息混乱的事，这样，他们才真正回归到了自己的职责本位。"[1]

## 二、主张精英政治

既然公众无法挑起理政的重担，这副担子又该交给谁呢？是从公众中随机抽选出一些人吗？不，李普曼的回答是："即使他们有心，也无力参与解决现实社会中的所有问题。他们偶尔能够起些作用，但是，我相信，他们对社会生活中复杂而充满变数的各种问题不可能保持长久的热情，他们甚至不可能做出哪怕是最粗略的判断。通常，他们把事务代理权

---

[1] 引自本书第140页。

委托给具有专业素养的公众中的杰出人士。绝大部分问题都在这些专业人士的能力掌控范围内,普通公众只能捕风捉影地了解到一点点。"[1]

基于此,李普曼将参与政治的人分为两类:代理者与旁观者(即局内人与局外人)。代理者是那些掌握了足够知识和信息,并可以据此对公共事务进行判断和处理的人;而旁观者则是那些曾被定义为具有至高无上权力的公民,但是他们对公共事务既没有兴趣,也没有行动能力。代理者与旁观者并不是固定的概念,"一个事件的参与者可能是另一个事件的旁观者"[2]。然而大多数时候,公众只是坐在剧院后排充耳不闻的观众,因为与他们知之甚少的公共事务相比,他们更关心各自的私人事务,"实际上,局外人只能跟随在掌握大局的局内人身后"[3]。

---

1 引自本书第088页。
2 引自本书第076页。
3 引自本书第089页。

# 引发的评论与争议

李普曼在本书中为我们展示出隐藏于民主光环之下的问题实质。篇幅不多,却极具震撼力和破坏性。但是,在当时的美国,支持李普曼观点者少,反对者众。

小阿瑟·施莱辛格(Arthur Schlesinger, Jr.)是从《幻影公众》中看到希望的为数不多的人之一。他认为,这本书是"怀疑主义令人敬佩的尝试"。在这种怀疑主义中,李普曼看来已经把"任何普遍的模式和任何最重要的观点都从他脚底下扫荡干净"。

门肯(H. L. Mencken)在评论《幻影公众》一书时说,"他刚刚踏上生活的道路时,对民主寄予崇高的期望,而且对大众的先天智慧有一种几乎是神秘的信赖",但最后又转而得出了大众是"愚昧无知和不可教诲的"结论。[1] 门肯的评价并不准确,其实,早在1911年李普曼仍然信奉社会主义时,他就敦促自由派承认"民主的局限性",并清楚地认识到选民不过是

---

[1] 罗纳德·斯蒂尔,《李普曼传》,同前,第332页。

整天为自己的事忙得不可开交的人。当时，李普曼年仅22岁，可见李普曼关于民主弊端的反思由来已久。

更多的人对《幻影公众》感到不满、沮丧，甚至困惑。李普曼在哈佛读书时的老师格雷厄姆·沃拉斯（Graham Wallas）对他说："你是在给亚历山大·汉密尔顿、杰里米·边沁和沃尔特·李普曼的孩子们写书。……但你并未向他们指出，怎样才能把他们的头脑、精力，他们对同胞的爱和怜悯之心，通过许多不同的服务方式和经历更为有效地体现出来，为人类造福。你在局内人和局外人之间所划的明白无误的界限只能使他们感到困惑不解。"[1]但是，李普曼已经不再是在哈佛读书时那个充满激情和幻想的年轻人了，他的理想在不断幻灭，对激情感到厌倦。李普曼在《幻影公众》中写道："因为当这位普通公民经历了政治罗曼蒂克的年代，当他不再被老套的高声叫嚷所打动，当他保持冷静清醒，便看出了自己在公共事务中扮演的角色是如此虚妄，至少是无足轻重的。你不能再用为社会服务、尽公民义务来说服他，也不能在他面前挥舞一面旗帜，更不能派一个男孩跟着他，监督

---

[1] 罗纳德·斯蒂尔，《李普曼传》，同前，第333—334页。

他去投票。他退守家中,不再像一个东征的十字军战士企图把世界改造成某种别的样子。他被身边光怪陆离的事情翻腾起的泡沫戏弄了太多次,眼睁睁看着泡沫破碎。"[1] 这段话无疑是李普曼在一系列的现实经历中内心变化及感受的真实写照。

在对李普曼民主观的众多质疑声中,美国著名哲学家约翰·杜威的观点最具代表性。虽然杜威对当时美国的民主状态也深感忧虑,但是与李普曼相反,杜威对公众能力及民主抱有相当乐观的态度。

1927年,杜威的名著《公众及其问题》一书出版。作为对李普曼《幻影公众》一书的回应,杜威坚持认为,公众并非李普曼所说的只是一种幻影,而是一种真实的存在。在杜威看来,虽然庞大的社会造成了人与人的疏离,使民主的基础有所衰落,但是治疗的方案应该是更加民主。在他那里,民主意味着一种社会和个人的生活方式,是对自由、富裕的共同体生活的统称。当理性"公众"出现时,民主就会产生。在杜威看来,"民主的治理形式只是人类智慧所设计出的适应历史上一个特定时期的最好手段"[2]。

---

[1] 引自本书第004—005页。
[2] 约翰·杜威,《公众及其问题》,纽约,霍尔特出版公司(Holt),1927年,第3—4页。

按照他的说法,民主政治的核心是努力为社会中的个人创造条件以发挥他们的最大潜能。

李普曼与杜威的观点分歧体现了现实主义民主观与传统民主观的冲突。李普曼从现实出发,对民主持悲观态度。其思想具有强烈的批判色彩,毫不留情地扯下盖在公众头上的神圣面纱,认为他们非但无法肩负重任,反而会制造"大众暴虐"。不可否认,李普曼过多地关注个体的人,而忽略了人与人之间的互动。相反,杜威的讨论更多地停留在理想化层面上,他对塑造理性公众给予太多期望,然而这在现实中也许无法实现。但事实上,杜威的观点一直是民主理论的主流。

## 留下的精神财富

### 一、多元化的思维方式

挑战传统、批判经典,是李普曼政治理论中的一个突出特点。无论是哪个领域的理论研究,都会有曾经的经典理论被现实否定。也许是由于社会发展，经典理论的前提假设发生改变；或者是由于曾经的经典理论本身就存在谬误。对于后人来说，对传统理论提出质疑和挑战是需要智慧和勇气的。在实践中，这是一种拒绝惰性、摆脱依赖的积极的对待问题的态度。这种态度可以成为一种思维习惯，帮助我们面对现实社会中的种种新现象，并提出自己视角下的独特思考。

李普曼并非批判一切，但是，他的确是在不断地运用批判，对新闻、对民主、对舆论进行研究。在他的实践中，他怀疑民主，怀疑新闻的真实性和准确性，怀疑公众的认知能力，等等。他在怀疑中不断思考，不断提出自己的理论假设和解决问题的方法，虽然这些假设和方法并非全都可行或正确，但这毕竟丰富了他的人生实践，也为读者提供了多元化的思维方式。

## 二、理性主义光华

李普曼是一个理性主义者，他一贯主张澄清和阐明时代所处的困境，而且不假装自己有能力快刀斩乱麻般地解决它们。在他的政论文章及著作中，他不会贸然提出解决问题的最终方案。他习惯于对当前公共政策或对人们头脑中根深蒂固的、似是而非的传统观念进行连续性的评论。读者会感觉到，现存的政策被误解了，被滥用了，公众的头脑中存在着大量根深蒂固的错误观念。而这些错误观念可能会引发比它们准备解决的问题更为严重的问题。

李普曼所秉持的政治理性是他一生言行的指导。他在《新共和》(*The New Republic*)创刊号上的评论文章开篇写道："每一个健全的人都知道，建设一座城市比炸毁一座城市更伟大，耕种一块土地比践踏一块土地更伟大，服务人类比征服人类更伟大。"[1]的确如此，人类的希望在于思想而不是枪炮。尽管铸剑与铸犁花费同样多的脑力劳动，但是选择铸犁却需要拥有更崇高的人类价值观。

在经历了第一次世界大战后，理性主义逐渐成为李普曼的一个显著特点，在倡导理性的同时，李普曼还把这种理性上升到一定的哲学高度。在《幻影公众》一书中，人们看到了李普曼所描述的传统民主理

---

[1] 沃尔特·李普曼，《早期作品》(*Early Writings*)，利夫莱特出版公司(Liveright)，1970年，第3页。

论的弊端、公众权力的滥用。他呼吁捍卫文明立法，呼吁人们认识到自己的真实价值，呼吁人们回归其传统的理想和普遍法则。尽管有人攻击这本书的民主观点过于悲观，但是它却唤起了人们对国家真正利益的思考与关注，而这种利益是一种对人类灵魂神圣意义的根本信仰。

## 三、更深入的政治哲学思考

古往今来的各派哲学，无非是研究人与人，人与自身，或人与世界的关系。无论是认为世界与人不过是某种精神世界的外化，还是认为人连同他的精神都只是物质世界的产物，所有哲学家都力图回答人能否和如何认识、把握、改造其所身处的世界。

第一次世界大战后，李普曼看到的真实世界与他头脑中想象的理想世界相去甚远。问题出在哪里？究竟是谁的错，是迷惑无知的公民，是政治理论学者，是政府公务人员，是选民推举出的领导者，抑或是民主制度本身？这些问题拷问着年轻的李普曼，时至今日也同样拷问着无法逃离政治生活的每一个人。

李普曼发现民主政治理论中存在着很大的混淆，

这与实践相矛盾。虽然他没有十足的把握对这种混淆进行颠覆性揭示，但是，他却对民主理论逻辑链条中的关键一环进行了解读。以"公众参选""公众参政"为基础的民主理论体系在李普曼的剖析解读中变得脆弱不堪，甚至令人失望。公众只关注自己感兴趣的事情，他们没有时间也没有兴趣参政、参选，即便被委以重任，他们也没有能力胜任，因为他们无法掌握足够的信息。公众只需要在危机出现的时候发挥群体震慑作用，令专权者望而却步，无须处理具体问题。具体问题交由"局内人"来处理就是了。

在李普曼看来，民主政治无须使用伪善的欺人面目，无须把公众引入歧途，无须标榜爱国热情，只要正视国家公众的真正利益所在，用成熟而理性的态度对待公众以及公共事务，公正合理地立法，建立社会规范，不同的社会角色各司其职，那么"长久的和平也许就会实现"。

# 为中国公众提供了解美国政治的新视角

李普曼对于中国公众而言并不陌生,特别是在中国的新闻学研究领域。这主要得益于《舆论》一书,该书在学界具有相当大的影响力,被认为是传播学的奠基之作。中文译本于1989年7月首次出版[1],并在国内引发热议。国内学者对李普曼的研究大多是以《舆论》为切入点,分享李普曼在新闻领域的理论贡献。而实质上,《舆论》也是一本政治学著作,因为李普曼所探讨的公众舆论并没有局限于新闻传播的范畴,而是被置于整个民主政治的运作逻辑之中。李普曼著作的政论特征在《幻影公众》一书中更加凸显。

《幻影公众》被认为是《舆论》的续篇,二书互为补充和呼应,阐明了李普曼独到的民主理论见解。从学术价值而言,《幻影公众》丝毫不逊色于《舆论》,甚至可以说是李普曼个人更为成熟的理性思考。但是从

---

[1] 当时该书名为《舆论学》,由林珊译,华夏出版社出版。2002年,该书更新译名为《公众舆论》,由阎克文、江红译,上海人民出版社出版,并于2006年由上海世纪出版集团再版。2018年,该书再度更新译名为《舆论》,由常江、肖寒译,北京大学出版社出版。

影响力来看,《幻影公众》远不及《舆论》,该书很快就绝版了,"在后来的年月里,事实上,被人们遗忘了"[1]。这主要是因为当时大部分人无法接受该书对传统民主理论的激烈批判,以及书中对民主制度所持的悲观调子。《李普曼传》的作者罗纳德·斯蒂尔评价说:"人们对它的忽略是不幸的,因为它是李普曼最具有批判力量和启示作用的著作之一。在书中,他充分剖析传统民主理论的缺陷。"[2]

李普曼不仅是一位新闻记者,为新闻学研究做出了突出贡献,他更是一位政论家,对世人的影响更多地体现在帮助普通大众思考、引领政治精英思维,继而对美国的内政外交产生重要影响等方面。他以自己独特而敏锐的视角不断地发现政治生活中的问题,不断地努力探索美国民主政治优化的新途径。而目前,中国国内对于这方面研究仍很有限,究其原因,李普曼本人的著作虽然不少,但中文译本很少,除了《舆论》一书外,还有一本1960年世界知识出版社出版的小册子《共产主义世界与我们的世界》。此外,李普曼所处的时代也正在远离我们,这给我们理解李普曼

---

[1] 罗纳德·斯蒂尔,《李普曼传》,同前,第214页。
[2] 同上,第331页。

的思想增加了一定的难度。

相信《幻影公众》中文版的面世,能够为广大中国读者提供一个了解美国民主制度的新视角。作为《幻影公众》的译者,本人有幸跨越时空的阻隔去探索和追忆这位美国20世纪风云人物的思想轨迹,的确是一件幸事。

# 英文版重印本编者序(2011)

威尔福雷德·M. 麦克莱[1]

在对政治家及各类"直接民主"机制感到厌倦的时代里,沃尔特·李普曼的《幻影公众》仍一如既往地为人们所关注。当李普曼对美国民主弊端提出最强烈的批评之时,李普曼本人也被置于聚光灯下。本书表达了反平民主义的思想,以严肃而充满智慧的观

---

[1] 威尔福雷德·M. 麦克莱(Wilfred M. McClay):美国人文基金会太阳信托银行卓越讲座主席、田纳西大学查塔努加分校历史学教授。还曾在乔治敦大学、杜兰大学及约翰·霍普金斯大学任教。撰写了大量关于美国历史和政治的文章,代表作《流民:现代美国的个体与社会》(*The Masterless: Self and Society in Modern America*)。——译注

点为精英主义进行辩护,是美国历史上反平民主义的一本重要的先驱著作。李普曼提出的美国政治体系去神话的观点,至今仍然能够引发人们的共鸣。

《幻影公众》提出,"幻灭之人"不仅对民主,而且对改革都已经失去了幻想。依据李普曼的观点,选民通常没有治理国家的能力,正因为如此,他认为,公众只不过是一个"幻影"。就政治决策而言,人的区别并非是"专家"(experts)与"门外汉"(amateurs),而是"局内人"(insiders)与"局外人"(outsiders)。李普曼挑战了进步政治(Progressive politics)的核心假设,也挑战了主张将政治决策权交给民众的其他理论假设。

在李普曼传记《李普曼传》一书中,罗纳德·斯蒂尔称赞《幻影公众》是"李普曼最具有批判力量和启示作用的著作之一。在书中,他充分剖析传统民主理论的缺陷"。本书是沃尔特·李普曼主要著作系列丛书中的一本。当越来越多的美国人对政治体系持冷漠态度之时,这本经典著作应成为学生、教师、政治学者及历史研究者必备的基本读物。

## 英文版编者序(1993)

威尔福雷德·M. 麦克莱

沃尔特·李普曼于1974年去世,在随后的20年间,他和他的著作并没有被人们遗忘。相反,这位大师级的记者的著作受到了广泛关注,不断被出版发行,包括他早期的进步主义宣言《放任与驾驭》(*Drift and Mastery*)(1914)、表达他对现代民主政治信息传播窘境批判性认识的《舆论》(1922),以及体现他后期对民主弊端妥协态度的《公共哲学》(*The Public Philosophy*)(1955),这些都是平价简装本,在各领域仍然拥有相当庞大的读者群和很高的关注度。此外,罗纳德·斯蒂尔1980年出版的李普曼传记和约翰·莫顿·布鲁姆整理的李普曼信札都广受好评，令公众对李普曼及其作品保持长久不衰的兴趣。其重要性和思想性与最近出版的莱因霍尔德·尼布尔和约翰·杜威的传记达到了同样的高度，而这两位同时代人的人生经历中与李普曼形成交集的部分也非常重要。[1]

鉴于此，李普曼一些重要著作的再版体现了越来越多出版商的明智选择，而这种选择看起来不会是一时之风。事实上，有理由相信，在今后的岁月中，李普曼著作的重要性和影响力将会越来越大，而不是越来越小。随着美国人继续围绕大众民主实验的前景及问题进行辩论，在这场辩论中，带有轻蔑色彩的"精英"一词经常充当最后的王牌和对话终结者，

---

[1] 罗纳德·斯蒂尔，《李普曼传》，波士顿，1980 年；约翰·莫顿·布鲁姆（John Morton Blum）编，《公共哲学家：沃尔特·李普曼信札选》（*Public Philosopher: Selected Letters of Walter Lippmann*），纽约，1985 年；理查德·怀特曼·福克斯（Richard Wightman Fox），《莱因霍尔德·尼布尔传》（*Reinhold Niebuhr: A Biography*），纽约，1985 年；罗伯特·B.韦斯特布鲁克（Robert B. Westbrook），《约翰·杜威与美国民主》（*John Dewey and American Democracy*），纽约伊萨卡，1991 年；史蒂文·C. 洛克菲勒（Steven C. Rockefeller），《约翰·杜威：宗教信仰与民主人本主义》（*John Dewey: Religious Faith and Democratic Humanism*），纽约，1991 年。

而李普曼对现代美国民主制度的无畏批判或许将成为当代辩论中一个越来越有价值的智力试金石。虽然弗朗西斯·福山断言，所有关于自由民主的意识形态之争都已经走向终结，这当然只是暂时状态，但是民主的病理表现仍旧显示，民主需要持续不断的自我批评。[1] 尽管《幻影公众》所表达的带有悲观色彩和去神话色彩的民主观点几乎不能改变对公众舆论的主流认识（从定义解释上做这种改变几乎是不可能的），但是它却保留了一种严肃而独特的智慧观点，这种观点在美国历史上找不到太多的共鸣者和先驱者。正如历史学家丹尼尔·沃克·豪所指出的那样，李普曼也许在很多方面拥有美国辉格党理性传统中刚正不阿的特质。[2]《幻影公众》在开篇卷首便讥讽了"民众的声音是上帝的声音"（Vox Populi, Vox Dei）这一谚语，并引用了更具影响力和智慧的人物的观点，体现了反民主的怀疑论者亚历山大·汉密尔顿

---

[1] 弗朗西斯·福山（Francis Fukuyama）的著作《历史的终点和最后的人》（*The End of History and the Last Man*，1992年）就是这种民主自我批评的努力。

[2] 丹尼尔·沃克·豪（Daniel Walker Howe），《美国辉格党的政治文化》（*The Political Culture of the American Whigs*），芝加哥，1979年，第304页。

和一些参与美国宪法起草的先辈对公众舆论决定政治的忧虑。[1]

这种历史观点的借用并不足以证明李普曼著作的重要性,但是他著作的当代意义却是惊人的。《幻影公众》中的句子和段落脱离上下文被抽取出来原文照搬,刊登在当今美国极具影响力的一家报纸的社论版上,并很可能为无所畏惧大胆占有它们的剽窃者赢得普利策奖。(例如——很容易就能发现——本书的第一章"幻灭之人"直接用于对1992年前后美国广大选民不满和不参与投票行为的观察分析。)而且,李普曼冷静理性的尖锐分析和对道德姿态的完全摒弃,对那些轻蔑地攻击他是自我精英主义、狂妄的乡巴佬、共产主义的辩护者等的言论,是一种先发制人的有力回应。《舆论》一书的读者可以证明,李普曼对刻板成见和现代大众传媒宣传的讨论在广播发展刚刚起步、电视发展聊胜于幻想的阶段就已经

---

[1] 这样的争论引发了立宪主义者们的思考,参见戈登·S.伍德(Gordon S. Wood),《美利坚共和国的创建(1776—1787)》(*The Creation of the American Republic, 1776-1787*),第469—615页;汉密尔顿的观点,参见福里斯特·麦克唐纳(Forrest McDonald),《亚历山大·汉密尔顿传记》(*Alexander Hamilton: A Biography*),纽约,1979年。

开始了。而他的观点在随后七十多年中，几乎没有被任何具有全面媒体观察经验的后辈作家所超越。

相对于《舆论》，《幻影公众》可以说是一部更具价值的作品，准确地说，它或许是李普曼怀疑论阐述中最清晰、最精辟、最有说服力的作品。也许正是这个原因，《幻影公众》首版后很快就销声匿迹了，时至今日仍然如此。如果一个像H.L.门肯这样拥有嬉笑怒骂风格（半喜剧色彩）的文学大师对民主和公众舆论持鄙视的态度，人们尚可接受，但这种态度如果来自一个具有李普曼的声誉和广泛影响力的人，那就另当别论了，尽管李普曼书中的行文是易懂的，甚至是趣味盎然的。李普曼自己在该书出版前也曾有过怀疑，他预感到这本书出版后将命运多舛。作为广受好评的《舆论》一书的续篇，虽然李普曼尽可能地把这本书写得更加短小精悍、通俗易懂，但他还是担心对《幻影公众》的尖锐而激烈的抨击会扑面而来，会令他陷入麻烦，甚至如他自己所说，"被《新共和》我的那些老朋友们当作异端邪说打入冷宫"[1]。

李普曼的一些担忧很快变成了现实。事实上，十

---

[1] 罗纳德·斯蒂尔，《李普曼传》，同前，第212页。

多位书评人痛斥李普曼已经逾越了他们所能接受的情感底线。《纽约时报》的评论员声称，李普曼"全面打击式的控诉"实在是"言过其实"；《新政治家》杂志则不理会这本"令人失望"的书。[1] 但是，这些言论并不是对该书的公允评价，因此罗纳德·斯蒂尔对《幻影公众》出版后的遭遇有如下描述（他对该书价值的评价更为切中要害）：

> 这本书的观点，由于消极暗淡，未能得到应有的重视。……大部分评论者对其体现出的悲观情绪感到失望。《幻影公众》很快就绝版了，事实上，很快就被人遗忘了。这种忽视是不幸的，因为该书是李普曼最具有批判力量和启示作用的著作之一。在书中，他充分剖析传统民主理论的缺陷。[2]

的确，对于《幻影公众》的价值和重要性，没有比约翰·杜威的评价（曾发表于《新共和》）更为严肃

---

[1] 参见《纽约时报》(*The New York Times*)，1925年10月25日；《新政治家》(*The New Statesman*)，1925年11月14日。
[2] 罗纳德·斯蒂尔，《李普曼传》，同前，第214页。

和充满敬意的了。作为对李普曼的回应，杜威撰写了他最著名、影响最为深远的一本书《公众及其问题》，为民主辩护。[1]

然而，当时也有许多评论对《幻影公众》极尽溢美之词。哈罗德·D.拉斯韦尔（Harold D. Lasswell）极为推崇该书，认为它"具有说服力的充满生命力的观点"。另一位评论家称其为"一位斗士的展现"，"击碎靠不住的政治教条，炸毁模棱两可的政治争论"。另有评价认为：

> 《幻影公众》与《舆论》一样，将成为美国政治思想史中的现代经典。单凭从它与众不同的文字中获得的快乐，它也值得被一读再读。

颇具影响力的参议员威廉·E.博拉（William E. Borah）在《纽约世界报》上撰文，更是给予《幻影公众》极高的赞誉，称其为"极少数的能够发人深省的著作之一，让人们认识到，作为美国公民，如果我们

---

[1] 杜威在《公众及其问题》（纽约，1927年）一书第116—117页直接承认了《幻影公众》的影响。

要担负起源自1789年的历史使命并获得成功,任务还很艰巨"。[1] 鉴于如此高的评价,《幻影公众》像幻影般颇具神秘感的消失似乎更加让人难以理解。也许,唯一客观的,也是最显而易见的评价是:它带来的挑战,以及对政治实践的影响,甚至令它最热情的崇拜者也感到不安,或者至少是让那些不具备约翰·杜威智慧的人感到太不安、太困惑,以至于无法保持信心。

李普曼与杜威在这一问题上的争论为人们提供了一个视角,帮助人们探究李普曼撰写《幻影公众》的目的。他们的争论并非偶然发生,毕竟,在社会改革进步的愿景中,没有任何概念比"公众"更重要;推动进步改革,控制特殊利益的努力总是以"公众利益"为名,人们普遍认为,"公众"这种事物是存在的,其"利益"也必然存在。事实上,"无私的"(disinterested)这个词意味深长,在我们这个时代,它被频繁地误解和误用;在进步社会思想中,它具有浓重的伦理色

---

[1] 拉斯韦尔的评论可参见《美国社会学杂志》(*American Journal of Sociology*),1926年1月,第533页;其他的相关评论还有《文学评论》(*Literary Review*),1926年2月27日,第5页;《春田共和报》(*Springfield Republican*),1925年11月15日,第7页;《纽约世界报》(*New York World*),1925年11月8日,第6页。

彩，甚至是宗教色彩，因为在进步主义的词汇表中，没有任何一个词比"利益"更具消极意义。"利益"通常是揭黑记者们非常喜欢的一个词，并已被滥用，它不仅被用于表达美孚石油公司或其他信托公司或其他利己主义群体的腐败，在更深层面上，它还被用于表达一些危害巨大的价值标准，如个人主义、党派主义、追逐私利、不断加剧的社会不均等任何对伟大的美国政治民主实践构成威胁的事物。[1]

"无私"代表着与主观愿望相反的图景，即服从于共同利益准则：一个理论上和实践上都完美的构想被一位开明的、在新兴研究型大学中接受教育的"新生代中产阶级"知识分子认真、公正、无私地贯彻执行。在这种情况下，这位新生代中产阶级知识分子将谙熟于科学和管理知识，用以制造出一个公正的、理性有序的公众的王国。像这样的一位新生代中产阶级不会被利己的短视追求或古典自由经济学的虚假个人主义所禁锢；相反，他将投身于可自我调节的、理性自治的专业组织以及训练有素的未受腐败侵蚀的社会利他

---

[1] 最出彩的章节名为"利益"，见丹尼尔·罗杰斯（Daniel Rodgers）《真理辩论：自独立以来美国政治的关键词》（*Contested Truths: Keywords in American Politics Since Independence*，纽约，1987年）一书中，第176—211页。

主义，去识别公共利益，并追求国民的共同福祉。

科学理想对李普曼的重要性不亚于杜威。但是杜威相信科学天生具有民主内涵，因为科学依据的是事物内在的本真的东西，而不是依据人，或者无法验证的权威。科学的这种固有品质能使其与民主完全兼容；而这种权威的唯一[1]形式最终也的确是如此兼容。[2]连接科学与民主的关键性纽带，在杜威看来，就是"公众"这一概念，它是集合与互动的理想纽带。如果没有"公众利益"这个特定的假设（这种假设可以通过政治民主体制加以阐述，并通过科学机构的无私资源加以澄清），那么，进步主义的基本道德核心就会崩塌。必须得有一个什么事物被称为*公众*，而且它还必须拥有可识别的*利益*，与其他的公众构成要素相区别。社会科学不仅有能力辨识出这种利益，而且它还有能力向民众展示公众利益也是他们自己的利益。

李普曼年轻的时候就形成了这样的观点。在后宗

---

[1] 原文为斜体，此处以不同字体区分，下同。——编注
[2] 参见詹姆斯·克隆彭伯格（James Kloppenberg），《不确定的胜利：欧美思潮下的社会民主和进步主义（1870—1920）》（*Uncertain Victory: Social Democracy and Progressivism in European and American Thought, 1870-1920*），纽约，1986年。该书对这一问题进行了很好的探讨，特别是在第384页。

教民主时代，科学理想是文化权威的基础，对此，没有人写得出比李普曼的《放任与驾驭》更具雄辩力并简洁明了的书了。这本书的书名成了时代面前人们无所适从状态的代名词。[1]但是，李普曼永不停歇的头脑总是迅捷地越过事物萌芽期，对其未来的发展给出警告。第一次世界大战之后，人们对进步派大失所望，特别是对威尔逊政府在对内宣传中使用高压手段、限制公民自由，以形成统一的公众支持，配合战争需要的行径。鉴于此，李普曼的民主治理思想及相关的科学精神发生了巨大改变。在《舆论》一书中，他指出，大众民主时代，公民直接依据媒体带有成见的报道做出决定，因此必须让专家参与这一过程，在其中控制并调整提供给公众的信息，以确保"他们头脑中的图景"与只有少数专家才能真正洞察的现实保持一致。[2]战时的国内宣传受控于"克里尔委员会"（Creel Committee），从中李普曼了解到，公众舆论是怎样被

---

1 戴维·霍林格（David Hollinger），《科学与无序：李普曼的〈放任与驾驭〉》（Science and Anarchy: Walter Lippmann's *Drift and Master*），收录于《美国的行政区：历史和史学概念研究》（*In the American Province: Studies in the History and Historiography of Ideas*），巴尔的摩，1989年，第44—55页。
2 沃尔特·李普曼，《舆论》，纽约，1922年。

人为地制造出来的,令人触目惊心。解决这一问题唯一明智的办法是尝试用理性驾驭它。

到了1925年,李普曼的疑虑更重。《幻影公众》开篇便摆出战后20年代知识分子典型的幻灭姿态,如同海明威和菲茨杰拉德那样。他生动描绘了对这个"幻灭之人"毫无幻想的重新审视,而"幻灭之人"这个词如此生动,以至于看起来这也是在描述李普曼自己,并宣称自己"告别改革":

> 因为当这位普通公民经历了政治罗曼蒂克的年代,当他不再被老套的高声叫嚷所打动,当他保持冷静清醒,便看出了自己在公共事务中扮演的角色是如此虚妄,至少是无足轻重的。你不能再用为社会服务、尽公民义务来说服他,也不能在他面前挥舞一面旗帜,更不能派一个男孩跟着他,监督他去投票。他退守家中,不再像一个东征的十字军战士企图把世界改造成某种别的样子。他被身边光怪陆离的事情翻腾起的泡沫戏弄了太

多次，眼睁睁看着泡沫破碎。[1]

然而在《幻影公众》中，李普曼不仅情绪发生了变化，他对民主局限性的实质性担忧也发生了变化。他不仅无法想象普通选民（如此站不住脚的民主神话人物被李普曼称为"至高无上的公民"）有治理能力，而且在他看来，根本就不存在所谓的公众。[2] 所谓的公众只不过是一个"幻影"；充其量，有一种真正有效的公众，被定义为特定的人（ad hoc），即特定情况下、特定环境中"对某一特定事务感兴趣的人"。至于曾代表李普曼信念的关于专业知识的宏论，也被严格界定；对参与决策的人，区分的关键不是"专家"和"门外汉"，而是"局内人"与"局外人"——他们是指在特定事件或环境中，掌握了一手信息的人和没有相关信息的人。

无论是在《幻影公众》还是《舆论》中，李普曼的攻击并非只针对天真的民主感伤主义者，而是直指进步政治的核心，并延伸到任何使用"全体国民"

---

[1] 沃尔特·李普曼，《幻影公众》，纽约，1925年，第15页。（此书在本篇脚注出现均为英文版编者所注，版本、页码为英文版页码；译文采用本书译文。——编注）
[2] 同上，第21页。

(body politic)这一虚假术语的政治构想,这些构想具有整体性和系统性特征,依据操作模型来协调政治决策。在这一新的后进步现实主义和多元化体制中,人们(men):

> 不再是那个假想所支持的共同目标的代理人。他们应被视为一个个具体目标的代理人,没有伪装,没有窘迫。他们一定是生活在一个还有其他怀有不同目标的人的世界里。需要进行调整的是社会,最好的社会是人们能够以最少的挫折感实现目标的社会。当以尊重他人意愿的姿态采取行动的时候,这个人就已经是合格的公众了。[1]

总之,在民主社会中,决策的中心问题被理解为,找到一种让全体公民获得信息的方式。基于此,他们才能正确地评估和处理现代社会中各种复杂并相互关联的事件。但李普曼对公民教科书上标准的陈词滥调不抱任何希望;他断言,"对教育会为民主政

---

[1] 沃尔特·李普曼,《幻影公众》,同前,第198页。

治弊端提供解决方案寄予期待"都"只会收获令人失望的结果"。[1] 撰写了这些巨制的波洛尼厄斯们（The Poloniuses）似乎并未察觉，即使在最好的情况下，"这位公民几乎没有时间关注公共事务，只是偶然对一些事感兴趣，对研究理论学说更是没啥胃口"。而这位真心打算了解他所有职责（从布鲁克林地铁维修问题到英国在苏丹的权利问题）的卖力的公民"像一只小狗同时面对三根骨头一样，感到困惑迷茫"。因为他"不可能花费所有时间去了解和把握所有问题，当他关注某一个具体事件的时候，其他数以千计的事件已经发生了巨大变化"。[2] 因此无所不能的公民是无法实现的理想，是"神秘的民主的谬误"，是虚假的、有害的、幻灭的。[3]

如果李普曼就此打住，不再深入地探讨下去，他或许就不会提出精英理政的解决方案了。但他还有很多的话要说。如果一个普通人并不反对（contra）自杰

---

[1] 沃尔特·李普曼，《幻影公众》，同前，第26页。
[2] 同上，第24—25页。
[3] 同上，第38—39页。

斐逊到布赖恩[1]的美国民主传统,他不必受教育就拥有决定所有事情的能力,或者至少能通过教育拥有这种能力,那么,李普曼就根本没必要找一位专家来理政了。当今的互联世界、伟大社会(Great Society)都太过复杂,无法被任何个人,甚至是任何专家充分了解。[2]因为专家只在特定的项目或任务中具有特定的权威,仅此而已。任何对政治和经济进行全面了解和多方协调的努力,都绝不会比盲人摸象的故事走得更远;他们的特定知识,不可能对整个复杂的形势进行可靠的推断,或推演到全景和整个结构。就"人类社会的有序发展",李普曼解释道:

  需要每个人的点滴付出,有大量的具体工作要做,耕耘、种植、收获、建造、毁

---

1 威廉·詹宁斯·布赖恩(William Jennings Bryan),1896年美国大选民主党候选人,他极富激情,能言善辩,主张金本位,有著名的"黄金十字架"演说。——译注
2 李普曼(也包括杜威)对于"伟大社会"这个词的使用,不应该与美国总统林登·B.约翰逊(Lyndon B. Johnson)经常使用的那个词相混淆。李普曼使用的这个词,源于他的朋友格雷厄姆·沃拉斯的一本同名著作,书中探讨了现代科技与商业社会不可避免的相互关联,以及在社会团体(Gemeinschaften)早期,小规模的、前现代的交往形态的衰落。鉴于此,这个词在此处没有任何约翰逊所赋予的道德高尚的含义。

掉，让这个适合那个，把 $A$ 变成 $B$，把 $B$ 从 $X$ 移到 $Y$。

这样的工作通常需要靠"交换、契约、习俗和一些默契承诺组成的极为复杂的机制来协调各种关系"。所有这些机制都具有高度的特殊性。让任何一个单一的权威来掌管所有这些问题是极不明智的。

但是，让公众来担任这种权威是更加不明智的做法，那必然会导致彻底的惨败，或绝对的暴政。[1]一个简单的理由是：所谓至高无上的人民纯属虚构。传统的民主理论拒绝承认"政府的职责"有别于"人民的意愿"。后者本身仅仅是某些具体决定的小目标，出于有序治理的慎重考虑，这些决定需要提交全体人民作出裁决。准确地说，公众并非表达自己的主张；他只是让自己与他人建立联盟，支持或反对某个人或某个主张。人民不是在治理国家；他们只是"支持或反对那些参与国家治理的人"。"民意"只是在所有待决策的议题中，偶尔介入，以遏制顽固或武断的力量。

李普曼相信，公众舆论最积极的作用是在危机中

---

[1] 沃尔特·李普曼，《幻影公众》，同前，第 70—71 页。

体现出来的,即化解危机,这反映了他对公众舆论本质作用的极为保守的态度。公众舆论是"一种联合起来的力量,助力那些有能力解决问题的个别人采取行动,化解危机。"[1]。显然,正义、合法性、终极价值等抽象的概念丝毫没有被考虑在内;在制衡主义者的眼中,政体是由无数相互竞争的部分组成的,治理的目的在于最大限度地维护秩序与和平。秩序与合法性,事实上是可以互换的。公众舆论仅仅作为最终的上诉法庭,或只有当政府在解决冲突,避免持续的社会或政治上的不和谐声音时已经黔驴技穷,才显现作用。(李普曼断言,选举只不过是内战的一种升华,其崇尚的多数主义是暴力的近亲。)现代政治的终极目标(telos)是在各种利益矛盾中找到"权宜之计"(modus vivendi),而前现代化时期(以及进步主义时期)的那个桥梁的概念,即人所处的环境与其(有限的)政治能力之间的纽带,已经站不住脚。[2] 李普曼提出了一个替代概念——"不断深化的多元主义",将其视为判断未来所有现代政治、经济活动不可回避的因素。[3]

---

[1] 沃尔特·李普曼,《幻影公众》,同前,第68页。
[2] 同上,第78—79页。
[3] 同上,第97页。

他宣称，政治思想家"别指望消灭所有差异，形成统一"，相反，"寻找统一的目标，不如寻求不同目标的和谐相处"。[1]

这一观点充分展现出李普曼已经加入去神秘化的反形式主义阵营[2]，这个阵营中还有同时代的查尔斯·比尔德（Charles Beard）、奥利弗·温德尔·霍姆斯（Oliver Wendell Holmes）、索尔斯坦·凡勃伦（Thorstein Veblen）和约翰·杜威。例如，李普曼对权利和义务概念的理解，是霍姆斯式的，是"现实主义的"：一项权利是"一种承诺，指某种特定行为将得到国家力量的支持"；一项义务也是"一种承诺，指不尊重他人权利的行为将会受到惩罚"。他坚持认为，这些建立在自然和神圣法令基础上的持久信念不过是"无聊的幻想"。[3] 但是，李普曼将自己反形式主义的主张推向了新的领域，让个体远离他的社会理论模型。通

---

[1] 同上，第98页。

[2] 这个词最初来源于杜威的支持者莫顿·怀特（Morton White）的著作《美国的社会思想：同形式主义的抗争》（*Social Thought in America: The Revolt Against Formalism*，波士顿，1949年）一书中，但是"反形式主义者"（antiformalist）这个词，最近被历史学家托马斯·哈斯克尔（Thomas Haskell）在各类著作中使用得更为精确，并更具有启示作用。

[3] 沃尔特·李普曼，《幻影公众》，同前，第100—101页。

过把"公众"这一单一的进步主义概念无情地击碎成多元构成体,李普曼开启了一种后进步主义的政治构想,这种构想是一个协调公开的、基于利益的多元主义的"现实的"过程。关于公共利益的概念,没有比哈罗德·D. 拉斯韦尔1936年出版的《政治学》一书的小标题阐述得更高明的了:"谁,得到了什么,在何时,如何得到",或者如E. E. 谢茨施耐德的客观观察,公共政策仅仅是"对政府提出的'有效需求'产生的结果",或者如瑟曼·阿诺德得出的那个惹人厌的结论,关于政治原则或价值问题的公开辩论,只不过是神话表演或玩弄"咒语"(magic words)。1

---

1 哈罗德·D. 拉斯韦尔,《政治学:谁,得到了什么,在何时,如何得到》(*Politics: Who Gets What, When, How*),纽约,1936年;E. E. 谢茨施耐德(E. E. Schattschneider),《政治、压力和关税:一项有关压力政治中的自由私营企业的研究》(*Politics, Pressures and the Tariff: A Study of Free Private Enterprise in Pressure Politics*),纽约,1935年;瑟曼·阿诺德(Thurman Arnold),《资本主义的民间传说》(*The Folklore of Capitalism*),纽黑文,1937年,以及《政府的象征》(*The Symbols of Government*),纽黑文,1935年;查尔斯·爱德华·梅里亚姆(Charles Edward Merriam),《政治权力》(*Political Power*),纽约,1934年。关于政治科学发展的讨论,还有一本书可以提供全局性的视角,参见小爱德华·A. 珀塞尔(Edward A. Purcell, Jr.),《民主理论的危机:科学自然主义和价值问题》(*The Crisis of Democratic Theory: Science Naturalism and the Problem of Value*),肯塔基州列克星敦,1973年,特别是在第95—114页。

杜威打算通过《公众及其问题》一书,对李普曼持续增长的悲观主义情绪(这种情绪的影响在不断蔓延)进行直接而颇有风度的回应,与此同时,为美国公民宗教的核心——民主承诺,进行辩护。[1]该书坚信,公众并非幻影,而是一种真实的存在,尽管可能一时"黯然无光"。"公众"的主要问题是当前缺乏共享符号("为形成有组织的公众所需的智力手段",杜威语),以及沟通不足,即用于"统一人们行动"的"大量的、晦涩的和微妙的"纽带是否为人们所真正领悟不得而知。杜威承认,没有这些前提,"公众将是虚无的、不成形的,偶尔寻找自我,但往往只抓住影子,而没有抓住实

---

[1] 罗伯特·N. 贝拉(Robert N. Bellah),《美国的公民宗教》(Civil Religion in America),载于《代达罗斯》(Daedalus,第 96 期,1967 年冬,第 1—21 页),是关于这一主题的一篇经典文章。还可以参阅他此后撰写的一本著作《撕毁的契约》(The Broken Covenant),纽约,1975 年,以及他的学生罗伯特·武斯诺(Robert Wuthnow)的著作,《美国宗教之重建:二战后的社会及信仰》(The Restructuring of American Religion: Society and Faith Since World War II),普林斯顿,1988 年,第 242—257、283—296 页。值得注意的是,贝拉最新与人合著的一本书也与这一问题密切相关,《美好社会》(The Good Society,又名《新世纪启示录》,纽约,1991 年),是《内心的习性》(Habits of the Heart,伯克利,1985 年)这部获得了巨大成功的合著著作的续篇,它准确而全面地依据《公众及其问题》,为当代美国生活中充满生机的公众王国(及超越利益集团的政治)进行辩护。

质"。直到"伟大社会转变为一个伟大共同体",杜威写道,"否则公众仍将黯然无光"。[1] 然而,杜威对李普曼怀疑论的回应实在是太过抽象了,甚至在措辞上也过于理想化,并没有说透问题。就在同一年,李普曼写道:"商业行为或多或少是无意识的、无计划的,比进步主义理论更新颖、更大胆,某种意义上更具革命性。"[2] 没有比这更甚的对杜威思想的刻意攻击了,也没有比这更甚的对他曾经信奉的赫伯特·克罗利(Herbert Croly)和《新共和》理念的背叛了。

由《幻影公众》开始的这一民主批判过程,持续到了20世纪20年代末。1929年,李普曼的后进步主义倾向更加明显,并体现在了他的《道德绪论》(*A Preface to Morals*)(1929)一书中。该书当年是一本畅销书,并入选了每月一书俱乐部(Book-of-the-Month Club)的精选书目。这部权威著作呼应并重申了李普曼十五年来构建的伟大主题:传统的权威形态已经被"现代社会中的腐蚀物质"(acids of modernity)所侵蚀,并很难找到替代品。甚至科学文

---

[1] 约翰·杜威,《公众及其问题》,同前,第142页。
[2] 沃尔特·李普曼,《人之天命》(*Men of Destiny*),纽约,1927年,第228页。

化权威杜威如此重要的核心观点也受到李普曼的质疑,他的依据部分来自爱因斯坦的相对论(杜威最根本的哲学方法源于达尔文的进化论,而今李普曼断言它已经"过时了"),这是一种现代人无法用自身体验来理解的令人困惑的宇宙观;李普曼的另一部分依据来自科学固有的局限性被越来越多地认识到。[1]

在阐述科学局限性时,李普曼由查尔斯·皮尔士(Charles Peirce)关于科学真理的社会构建研究谈起,随后得出一个毁灭性的结论,科学将造就出反形式主义的阵营:"当我们说,什么东西已经被科学'解释'过了,其实我们只是说,自己的好奇心被满足了。"当科学不断发展进步,我们看到,科学"没有提供任何一幅明确的表述现实的图景",而只是一些"会被科学发展所消融的临时剧本"。科学只不过是一个大口袋,里面装了一些解说详尽的、表述规范的隐喻,被运用于这个无法把握的现实世界。因此,李普曼得出结论,一种"科学唯物主义"的宗教除了装模作样地说它是对世界的真实描述之外,其实什么

---

[1] 达尔文主义的观点,参见1929年5月15日,沃尔特·李普曼致牛顿·D. 贝克(Newton D. Baker)的信,收录于约翰·莫顿·布鲁姆编,《公共哲学家:沃尔特·李普曼信札选》,同前,第240—241页。

实质性的内容都没有;科学的解释"无法提供人们在其他宗教中可以获得的有关存在哲思的线索"[1]。讨论道德,一开始便可以宣布,科学不可能发现或检验道德原则。总之,科学无法告诉我们怎样生活。

李普曼相信,所有左派的,包括那些立场犹豫不决者,都将"无私"原则理解为高度克己,并附上一个源于人类生活的"人本主义"教条学说,直指个人意愿的净化与规范。[2]而"无私的完美境界",李普曼断言,其实是"当今世界不可回避的",因为只有它才能"破解当代的道德困境"。事实上,无私是现存"崇高宗教的核心",是"智慧导师最深刻的洞见",如耶稣、释迦牟尼、孔子。

无私也呈现在科学中,事实上,"纯科学是崇高宗教的物化",科学最大的贡献之一在于,作为一所无私的学校,"让人性成熟起来",并教导我们不要将"我们的欲望、喜好和利益视为理解世界的钥匙"[3]。当

---

[1] 沃尔特·李普曼,《道德绪论》,同前,第130—131页。

[2] 沃尔特·李普曼,《道德绪论》,同前,第193—195页;另可参见李普曼致贝克的信,收录于布鲁姆编,《公共哲学家:沃尔特·李普曼信札选》,同前,第240—241页。

[3] 沃尔特·李普曼,《道德绪论》,同前,第238—239、311—313、326—328页。

今世界似乎已经让人们学会从旧有的权威中解脱出来,这意味着他们终于可以不受制约地寻求情绪的发泄,从而获得快乐。但是,李普曼的结论却与众不同:我们需要学会与自我相分离,不仅要摆脱"公众舆论"的暴政,还要远离我们自己的欲求,超然物外。

无私、超然、克己、纪律、幻灭,如此这些都是《绪论》的指导精神。李普曼确实已经走了很长一段路,到20世纪20年代末,他已经从梅布尔·道奇(Mabel Dodge)格林威治村沙龙(Greenwich Village salon)的常客,成为赫伯特·克罗利执掌的《新共和》的编辑,再成长为进步统治的倡导者,最后修炼成人性具有可塑性的信仰者。的确,李普曼克己的理想听起来更接近尼采(Nietzsche)的查拉图斯特拉,而不是进步改革者,比如同样强调无私价值观的克罗利。[1]但是,李普曼的无私如今催生出一种严肃的崇尚个人的(坦率地讲就是精英主义的)世界观;这是"一条崎岖的山路,前路很可能如同来路一样,寒冷、暗淡、荒芜"。这位理想中的人物必须"顺应世界,保持他内心的淡定从容……他将以坚毅面对痛苦,将痛

---

[1] 赫伯特·克罗利,《美国生活的诺言》(*The Promise of American Life*),纽约,1909年,特别是在第409—412页。

苦赶出他的灵魂。恐惧不会萦绕在他的心头"[1]。如此英雄气质,与反个人主义思潮和崇尚自我牺牲的集体主义理想形成鲜明对比,从爱德华·贝拉米(Edward Bellamy)到理查德·埃利(Richard Ely),再到约翰·杜威等思想者都试图建立一种"公共利益"的标准。[2] 公共利益的概念或民族共同体的概念并没有突然消失。它们存在于罗斯福新政那段错综复杂的历史中,例如,在国家复兴管理局(National Recovery Administration)的努力中,或者在民间资源保护队(Civilian Conservation Corps)的努力中,或者在富兰克林·罗斯福总统频频发起的模拟战(the analogue of warfare)中——这是一种最高境界的统一,是

---

[1] 沃尔特·李普曼,《道德绪论》,同前,第313、329页。
[2] 关于这一问题的讨论,可参见R. 杰克逊·威尔逊(R. Jackson Wilson),《共同体之探索:美国的社会哲学(1860—1920)》(*In Quest of Community: Social Philosophy in the United States, 1860-1920*),纽约,1968年。

自我超越的号角在鸣响。[1]这种观点后来仍经常出现在美国政客们的雄辩中,如吉米·卡特(Jimmy Carter)1979年发表了题为"信心危机"(crisis of confidence)的演讲,他警告说,美国正弥漫着"一种错误的自由观念",并且正沿着"分裂与利己主义的"道路前进。卡特竭力主张美国人民应"重建美国的团结和信心",因为只有沿着"共同目标的道路"前进,美国才能实现"真正的自由"。[2]

然而,"现实主义者"更为普遍地接受了《幻影公众》中体现和开创的政治分析法,这恐怕是《幻影公众》这类著作的意外收获。20世纪,人们已经越来越听不进对共同目标的呼吁了,卡特的呼吁就是个典型

---

1 埃利斯·霍利(Ellis Hawley),《新政与垄断问题:一项经济矛盾心态的研究》(*The New Deal and the Problem of Monopoly: A Study in Economic Ambivalence*),普林斯顿,1966年;埃里克·戈勒姆(Eric Gorham),《民间资源保护队模棱两可的实践》(The Ambiguous Practices of the Civilian Conservation Corps),载于《社会历史》(*Social History*),第17期,1992年5月,第229—249页;威廉·洛伊希滕堡(William Leuchtenburg),《新政与模拟战》(The New Deal and the Analogue of War),收录于约翰·布雷曼(John Braeman)、罗伯特·布雷姆纳(Robert Bremner)、埃弗里特·沃尔特斯(Everett Walters)等编,《20世纪美国的变化与延续》(*Change and Continuity in Twentieth-Century America*),哥伦布,1964年,第81—143页。
2 《纽约时报》,1979年6月16日,A10。

例子。在多元主义被当作标准被越来越多的人所接受的社会里,任何寻求建立统一原则、共同文化或共同目标的呼吁,都会被本能地当作霸权主义者设下的陷阱,因此李普曼对"公众"这个异想天开的概念进行的坚决而严苛的剖析,让人们感觉好熟悉、好亲切,尽管有人怀疑,李普曼可能从不曾像我们现在走得这么远。在那个历史节点上,随着第二次世界大战的临近,李普曼的思想发生了戏剧性的转变,与他从前的现实主义盟友决裂,进而拥抱作为公共道德壁垒的"更高级的"自然法概念,这体现在他的《美好社会》(1937)和《公共哲学》(1955)两本书中。和同时代的莱因霍尔德·尼布尔一样,李普曼逐渐意识到,信仰纯粹的社会和工具性的真理和正义之源,无助于对抗人类群体的邪恶倾向,也没有什么能够阻止像希特勒这样的*超级人物*(*Übermenschen*)崛起。[1]

但是,无论对这样的转变如何评说,它并不能代表李普曼在民主观上有了大的改变。在李普曼看来,更高法的重要作用之一正是作为刹车,对抗鲁莽的大

---

1 莱因霍尔德·尼布尔《道德的人与不道德的社会》(*Moral Man and Immoral Society*)是一本解释这一问题的经典著作,尼布尔以神学的(或类似神学的)视角为出发点。

多数人（例如那些允许希特勒掌权的人）的行为。在他的一生中，李普曼愿意改变，甚至牺牲许多他珍视的信念，但是，他有关大众民主的怀疑态度却始终不曾改变。他这种与生俱来的"精英主义"也许正是人们在未来岁月中继续阅读他的著作，不断研究他的思想的原因。在对政治家备感厌倦，被舆论调查、主动倡议、公民投票，以及互动的"直接民主"所吸引的时代，《幻影公众》的核心思想仍像从前那样让人痛苦地顽固地存在着："公众舆论"不能，根本不能，治理一个国家，或者提供政策建议，而也许只能在精英人士提出的不同建议中做出选择。直接民主的拥护者和心怀不满的美国选民最好好好考虑一下李普曼的观点，即使他们最终仍持反对意见。

第一部分

# 第一章 幻灭之人

## 一

当今的普通公民就像坐在剧院后排的一位聋哑观众,他本该关注舞台上展开的故事情节,但却实在无法使自己保持清醒。他能感觉到自己正受到周围所发生事件的影响。不断出台的条例、规章、年度税收,以及不时爆发的战争都让他觉得自己正随着社会大潮飘飘荡荡。

然而,没有证据证明这些公共事务关他什么事,那几乎是他无法触及的。如果它们确实存在,那么,一定是在远离他生活的地方,被无从知晓的幕后力量掌控着。作为一位普通公民,他不知道究竟发生着什么，谁在操控着一切，自己将被带往何方。没有任何报纸给他相应的背景报道，帮他把握这些；也没有任何学校教他如何想象这些；他的理想通常与这些事务无法契合；他发现，聆听演说、发表观点、前往投票，都不能让他获得驾驭这些事务的能力。他生活在一个看不清、搞不懂、不辨方向的世界里。

经历冰冷的现实体验，终于让他明白，理论上他所拥有的主宰权只是虚幻，实际上他根本无法主宰。他审视自己以及自己在公共事务中的碌碌无为，比较自己在现实中产生的影响与民主理论中自己应该产生的影响，他不得不承认，"主宰权"对他而言，就像拿破仑三世在俾斯麦眼中："远看似乎存在，可事实上什么都不是。"[1] 在一些煽动性的言论中，比如政治竞选演说中，他听到自己和其他三千万民众被描述成智慧、力量和正义的源泉，被誉为政治的原动力和服务的终极目标，他心中残存的判断力对此无法接受。他无法始终扮演一只因自己每天叫醒太阳而光彩夺目、情绪饱满的公鸡。

因为当这位普通公民经历了政治罗曼蒂克的年

---

1 引自菲利普·圭达拉，《第二帝国》(*The Se-cond Empire*)。

代，当他不再被老套的高声叫嚷所打动，当他保持冷静清醒，便看出了自己在公共事务中扮演的角色是如此虚妄，至少是无足轻重的。你不能再用为社会服务、尽公民义务来说服他，也不能在他面前挥舞一面旗帜，更不能派一个男孩跟着他，监督他去投票。他退守家中，不再像一个东征的十字军战士企图把世界改造成某种别的样子。他被身边光怪陆离的事情翻腾起的泡沫戏弄了太多次，眼睁睁看着泡沫破碎，怀着对这些东西的尖酸嘲讽，他与《更多琐事》作者一起说道[1]：

"'自决'，其中的一个人坚决地说。

"'仲裁'，另一个人叫喊。

"'充公'，一个不妥协的女人回答。

"我也被这些叫喊搞得极为兴奋，难道它们不是治愈我们所有疾病的良方？

"'接种！'我随之嚷出一些莫名其妙的词语，'变体''头韵''淹没''鞭打''造林'！"

---

[1] 洛根·皮尔索尔·史密斯，《更多琐事》(*More Trivia*)，第41页。

二

众所周知，在美国的政体中，最引人注目的就是全体人民参与政治事务。然而如今，只有不到一半的选民参与投票，甚至在大选年里也是如此[1]。1924年竞选期间，动用了一些特别手段，才使选民数量有所增加。选民的消极态度很可能使宪法、国家、政党体系、总统更迭、私有制统统陷入危机。如果参与投票的选民人数不够多，则各种耸人听闻的言论便会满天飞：某一政党被预言为将被赤色毁灭，另一个被黑色腐败吞没，还有的将沦为暴政、帝国主义，等等。即便如此，仍然有一半的选民无动于衷。

学生们过去喜欢以"选举"为题撰写文章，而今他们转而研究"弃权"问题了。芝加哥大学的梅里亚姆教授和戈斯内尔先生针对1923年芝加哥市长选举

---

[1] 参见西蒙·米歇雷特，《弃权者》（*Stay-at-Home Vote and Absentee Voters*），"全国拒绝投票俱乐部"（the National Get Out the Vote Club）的一本小册子；此外，A. M. 施莱辛格和 E. M. 埃里克森合作撰写的《消失的选民》（*The Vanishing Voter*），发表于《新共和》，1924年10月15日。自1865年到1920年，选民投票率由83.51%降到了52.36%。

进行了一次详尽调查[1],研究为什么140万拥有选举资格的公民中只有90万人进行了选民登记,而在登记的选民中只有72.3万人最终参与投票。数千人接受了他们的调查采访。30%的弃权者的理由,至少他们声称的理由是,他们遇到了一些无法克服的困难:生病了,在外地,家中有孩子或病人需要照料,没有合法住所,等等。而另外70%的弃权者,约50万自由而至高无上的美利坚共和国的公民,却连借口都懒得找,但事实上这并不意味着他们对投票漠不关心。他们要工作,投票站很拥挤,去投票点不方便,不愿意透露年龄,不赞成妇女拥有选举权,丈夫反对,认为政治腐败、选举腐败,他们害怕投票,他们根本不知道有选举这回事。受访者中有四分之一的人坦言,他们对此完全不感兴趣。

然而,布赖斯认为:"同其他国家一样,在美国,至高无上的人民意愿的表达……是通过相当规模数量的注册选民投票来实现的。"[2] 毫无疑问,洛厄尔关

---

[1] 查尔斯·爱德华·梅里亚姆和哈维·富特·戈斯内尔,《不投票:原因及控制方法》(*Non-Voting: Causes and Methods of Control*)。

[2] 詹姆斯·布赖斯,《现代民主政体》(*Modern Democracies*),第二卷,第52页。

于瑞士选民主动性的研究表明，美国选民的冷漠并非孤立的现象[1]。事实上，欧洲现实主义政治思想家很久以前就摒弃了民众集体主导公共事务的观念。罗伯特·米歇尔斯自身作为一名社会主义者，曾断言"多数永远无法实现自治"[2]，他还赞成并引用瑞典社会主义代表人物斯蒂芬的话说，"即使革命成功，政治生活中仍将存在领导者与被领导者"。米歇尔斯是一位颇具洞见的政治思想家，在这一问题上，他最后归结为赫森的一句话：反对党的获胜，意味着"嫉妒转变为贪婪"。

普通公民表达幻灭的方式没有任何新意，就是根本不去投票，或者只投给名字列在选票上端的那位候选人，或者从一开始就不参与，或者根本不听演讲、不读文件，其实他还有一长串可被指责的罪过。我不想进一步指责他，我对他怀有同情，因为我相信他被赋予了一项不可能完成的使命，他被要求去实现一个无法实现的理想。虽然公共事务是我关注的焦点，而且我为此花费了大量的时间和精力，但是，

---

[1] 参见A. 劳伦斯·洛厄尔，《公众舆论与大众政府》（*Public Opinion and Popular Government*）附录。

[2] 罗伯特·米歇尔斯，《政党》（*Political Parties*），第390页。

我仍然没有时间去做民主理论希望我做的事，也就是说，没有时间去探究到底在发生什么，没有时间为自治社会面临的每一个问题给出有价值的见解。我也从来没有遇到过任何人，上至美国总统，下至政治学教授，能够离至高无上的理想公民，哪怕近一点点。

## 第二章 无法实现的理想

我曾试图想象如何才能缔造出完美公民。有人说,他肯定是由健康的胚胎组织发育而成的。在麦迪逊·格兰特、洛思罗普·斯托达德以及其他一些复兴运动倡导者的书中我曾看到,某人与某人结合就会孕育出伟大的公民。鉴于不是生物学家,我对此持开放的和期待的态度,然而,这种孕育人类智慧的观点与作者的科学声誉很不相称。

那么,从逻辑上来看,教育便是我们接下来要考虑的问题,因为150年来,教育已被写进了每一本持乐观态度的民主著作的最后一章。就连罗伯特·米歇尔斯，这位坚定的反伤感主义者，也在他"最后一章的论述"中写道，"社会教育负有提升大众智力水平的重大使命，这将使他们在可能的范围内，对抗所有集体行动中的寡头倾向"。

因此我一直在阅读一些被学校用于传授公民意识的新版标准教科书。读后发现，受教育者必须有百科全书式的胃口和无穷多的时间，无人例外。当然，可以肯定的是，他不再被期待记住县郡职员薪水的确切数字和验尸官任期的长短。在新的公民学理论学习中，他要学习的是治国理政的大问题，而不是纠结于细枝末节的小问题。我曾翻阅过一本为培养公民而编写的 500 页简明教科书，书中涉及城市问题、国家问题、联邦问题、国际问题、信任问题、劳工问题、运输业问题、银行业问题、乡村问题、农业问题等等无穷多的问题。在关于城市问题的 11 页篇幅中，还分述了 12 个子问题。

但是，未来的神圣公民步入社会后，应该怎样安身立命，怎样培养孩子，怎样享受生活，这本用心良苦的书却没有给出任何指引。他只是不断地被灌输大量纷繁复杂的社会难题。他被教育要保护国家的自然资源，因为自然资源数量有限；他被建议关注公共开支，因为纳税人不该为不断增长的不明开支买单。但是，他，这位选民，这位公民，这位至高无上的权力拥有者，显然被期待付出无穷多的公益精神、兴趣、热情和努力。教科书的作者几乎涉及了他所能想到的一切问题，从城市下水道到印度鸦片，唯独忽视了一个重要的事实：这位公民几乎没有时间关注公共事务，只是偶然对一些事感兴趣，对研究理论学说更是没啥胃口。

这位公民的指导老师从来没有为学生提供一个准则，帮他判断星期四这一天应该关注布鲁克林的地铁问题，还是关注满洲铁路问题。如果他决定，星期四要在铁路问题上申明其至高无上的公民主张，那么他将如何填补在这一问题上的知识空白呢？还有前一天排在日程表上的蒙大拿乡村信用问题和英国在苏丹的权力问题。显然，他不可能花费所有时间去了解和把握所有问题，当他关注某一个具体事件的时候，其他数以千计的事件已经发生了巨大变化。除非他能够准确判断，时间精力投向何处能够最有效地发挥自己的潜力和特长，否则违背其固有的能力，做他不胜任的工作，他只能像一只小狗同时面对三根骨头一样，感到困惑迷茫。

我并不是说，学生了解当今世界的重大问题对他们的成长没有帮助。这也许会告诉他，世界很复杂，帮助他摆脱"一开口便是教条、信仰、确信之类的东西"[1]，让他学会谦卑。但是，可以肯定的是，他熟悉的这位高尚的作者在教科书中给出的1925年美国问题的解决方案，无法适用于十年后出现的新问题。除非在学习解决当下问题之外，他获得了一种超越当下的智慧，而这就与教育无关了。

这就是为什么，当人们希望教育能够为民主政治的弊端提供解决良方时，总是失望。事实上，我想给学校的老师们提一个建议，在立法者和公民理想的鼓吹者们制定了详尽的社会管理规范后，您最好要运用一些魔法，让公民学会管理社会。改革者并不关心人们被教授的是什么内容，他们认为，人们应该被教授一切对治理现代社会有用的东西。

通常，对教育会为民主政治弊端提供解决方案寄予期待，最终只会收获令人失望的结果，因为现代社会的问题层出不穷，速度之快老师们根本跟不上，更无法抓住这些问题变化的实质，并及时传授给众多学

---

[1] 出自洛根·皮尔索尔·史密斯。

生。如果学校只试图教学生如何解决当下的问题，他们就必然总是处于落伍的状态。他们最多可以尝试教给学生思考和感知世界的方法，这将有助于他们在新时期应对新问题。但是，这些方法并不是教育者创造的，勾画并提出这些方法是政治理论家的职责。在这项任务中，一定不能首先假定公众是政治天才，他们只不过是普通的人，即使他们有一定的天赋，也只能在公共事务上投入非常少的时间和精力。

我想，恐怕道德家会非常赞同以下观点，社会教育的首要任务不是寻找眼前具体问题的解决方法，而是要找到适于解决所有问题的普遍性原则。我奉劝他放弃这种想法，治理现代社会仅有良好的道德是不够的，当困难的实质是寻找道德方向的时候，道德本身无法指引方向。

当我试想人类能够仅仅通过教育就拥有良好的道德、礼仪、爱国主义精神，并以此轻松应对现代社会的时候，我想起了黄昏中一位沉思的教授在林中漫步的故事。他撞到了一棵树。这时他必须采取行动。作为一位有教养的人，他摘下帽子，向那棵树深深鞠躬，并诚恳道歉："非常抱歉，先生，我以为你是一棵树。"

如果从道德角度来斥责他的行为愚蠢，这公平吗？如果他遇到的是一棵树，谁能说他没有撞树的权利呢？如果他撞到的是一个人，他的道歉难道还不够诚恳吗？在这个故事中，教授的行为完美地遵循了道德准则，但问题不在于教授缺少善良与原则，而只在于他忽视了事实本身。你可能会反驳说，就道德义务而言，他应该懂得人和树的区别。也许这没错。但是，假设他不是漫步在林中，而是在参与投票，他遇到的不是一棵树，而是福德尼-麦坎伯关税条款[1]，你又怎能强加给他更多的义务去了解事实本身呢？不要忘记，这位在黄昏中一边思考一边漫步的教授和我们所有人一样，遇到了预想中的问题，并且尽了责，用他学到的方法来处理。

在某种程度上，这个充满生机的世界和那位沉思的教授一样，处理问题都不太老练。巴甫洛夫通过在狗身上做的实验证明，给某个动物的胃部施加虚拟信号，同样可以让它感受到吃东西的快乐。而在实验室里被欺骗的老鼠和猴子的数量仅次于对民主充满期待的公民。正如心理学家所言，人类也有习惯性的

---

[1] 1922年美国开征的福德尼-麦坎伯关税，恢复了1909年的《佩恩-奥尔德里奇法案》(*Payne Aldrich Act of 1909*)所规定的高额进口关税，以保护本国工厂和农场。耐用品的平均进口关税提高到了38%，而在1920年这个数字只有16%。——译注

条件反射，因此会对玻璃鸡蛋、诱饵鸭、稻草人和政治宣讲做出反应。没有道德准则能够帮助他判断是否在重大的现实事件面前正确地运用了他的道德力量。正如苏格拉底很久以前指出的那样，德性即知识，判断对错要以弄清真伪为前提。

但是，即使某一种道德准则成功地运用于实践，也无法拯救民主政治，毕竟道德准则实在太多了。在当下的生活中，在我们可以触及的社会环境里，也许存在被普遍接受的标准，但是，如果一位政治理论家要求某个局部标准被普遍接受，那他只不过是想绕过某个他应该努力解决的问题。虽然达成某一个共同的判断标准可以成为政治组织的一个目标，但是，形成政见和构建政治组织的过程难免与各种标准相抵触。

达尔文讲述的猫与三叶草的故事[1]也许会对那些认为自己的是非观具有普遍意义的人有所启发。紫色的三叶草靠蜜蜂传播花粉繁衍后代，因此蜜蜂越多，来年三叶草长势越好。但是田鼠常常破坏蜂巢，吃掉蜂卵，因此田鼠越多，蜜蜂越少，三叶草长势越衰。

---

[1] 参见 J. 阿瑟·汤姆森，《自然科学纲要》(The Outline of Science)，第三卷，第 646 页。

但是邻村的猫以田鼠为食,所以猫越多,田鼠越少,蜜蜂越多,三叶草长势越好。村里慈祥的老奶奶越多,猫就会越多。

如果你恰好不是印度人,也不是素食主义者,而是一个喜欢吃牛肉的西方人,你将受益于那些养猫的老奶奶,因为她们养的猫抓田鼠,那么蜜蜂多了,三叶草长得好了,牛的主要食物也就充沛了。如果你是一只猫,你当然也会喜欢这些老奶奶。但是,如果你是一只田鼠,那么,在宇宙中这个属于它们的特定区域内,又该如何判断是与非呢?在它们看来,那些养猫的老奶奶一定和养老虎的巫婆一样可憎,"老奶奶的危害"将在"田鼠安全联盟大会"上被激烈讨论。对于一只具有爱国精神的田鼠来说,根本无法想象,没有蜜蜂为田鼠们提供好吃的蜂卵,世界将会怎样,那将是一个没有法律和秩序的世界。只有那只具有极高哲学修养的田鼠才会认同柏格森[1]的观点,

---

[1] 亨利·柏格森(1859—1941),法国哲学家。认为世界的本体是"生命冲动",或称"意识绵延",它是宇宙的主宰和动力,客观存在的万物是其表象。人对世界本体的认识不能凭理性,只能靠直觉;理性分析只能围着对象转圈子,抓不住本质,而直觉却能打破空间设置在创作者和创作对象之间的界限,从而把握住智力所不能提供的东西。——译注

"混乱的思维为了便于语言表达而变得具体,但人们失望地发现,具象化语言承载的并非其希望表达的本意"[1]。因此,我们所认可的良好秩序,只不过是能够适应我们自己的需要、愿望和习惯的秩序而已。

我们的期望根本就不是普世的、永恒不变的,尽管我们常把它说成是美好的,但在具体的事件中,却很难证明我们的期望如此正义。如果农民有能力购买的加工食品少于他们的日常所需,就会产生混乱和问题。但是,什么样的绝对标准可用以判断1925年一蒲式耳[2]的小麦与1913年一蒲式耳的小麦相比,能够交换的加工品是更多、相等,还是更少呢?有谁能给出一个准则,来判断农民或其他社会阶层的人们,生活水平是提高了,还是降低了?速度和程度如何?在一定的工资条件下,当工作岗位供过于求的时候,雇主就会抱怨出了问题。但是,有谁能给出一个准则,说清楚剩余劳动力应该维持多少是合适的?劳动力价格又该是多少?同样,也可能会出现劳动力过剩的情况,那么,此时的工作岗位应该维持多少合适?薪资待遇又该是多少呢?尽管问题会很尖

---

[1] 《创造进化论》(*Creative Evolution*)第三章。
[2] 蒲式耳,容量单位。1美制蒲式耳相当于35.238升。——译注

锐，但是，并没有任何准则来帮助判断社会需要为多少机械师、职员、矿工、银行家或销售员提供相应数量的工作机会。

这引发了激烈的群体偏见和大量的自我欺骗，在农民与制造商、雇主与雇员、债权人与债务人如此等等的互动关系中间，夹杂着某种特有的群体正义。这些利益冲突的确都是亟待解决的问题，但是，并没有道德模式可以为这些问题提供清晰合理的解决方案。

如果说，优生学无法造就理想中无所不能的至高无上的民主公民，那是因为生物学既不知道如何培养政治优才，也不知道政治优才是什么样子；如果说，教育无法培养民主公民，那是因为学校老师无法预见未来的社会问题；如果说，道德也不能为民主公民指引方向，首先是因为判断具体事件的对与错取决于对真伪的认知，其次是因为它基于存在某种普世的道德准则这一假设，而其实这种道德准则根本不存在。那么我们还有必要四处寻找造就合格公民的方法吗？19世纪的民主理论学家还有一些其他的造就合格公民的理论方法，这些方法至今仍在影响着持乐观态度的人们。

一所学校将"治疗民主弊端的良方是更多的民

主"作为改革的座右铭。其前提假设是,民众意愿是智慧的、善良的。于是他们提议,通过积极主动的争取,尽可能多地获得选举权,包括全民投票权、罢免权、参议员直选、法官直选等。这是一种想当然,因为无法证明他们假定的那种民众意愿真实存在。自1896年布赖恩选战以来,这种思想流派便在美国大部分州蔓延开来,并对美国联邦政府产生了深远影响。自1896年起,有效选票数量增加到原来的三倍,选民的参选热情被极大地激发出来。然而,同样是在大选年,选民的投票率由1896年的80.75%[1]锐减到1920年的52.36%。显然,前面所说的所有选民都热切地渴望参政,这是荒谬的设想,而且也没有证据证明,参与投票的选民对政治事务怀有任何真正的关切。政党机器在每一次选战后都幸存下来,为什么呢?因为如果选民没有时间,没有兴趣,没有相关的知识,便无法把握问题的细节,他就不会时常拥有高明的舆论主张,他只能迷惑而倦怠地更加倾向于遵从他人的意见。

另一所学校,自称具有革命性,将民主的幻灭归

---

[1] 数据与本书第006页脚注有出入,疑为作者笔误。——译注

因于资本主义制度。他们认为，财产就是权力，只有经济权像选举权一样能让人们广泛拥有，选举才会更有效。我相信，没有哪个严肃的学生会质疑社会主义的前提假设，即断言公民个人财产的所有权性质比抽象的法定公民权更具有社会影响力。但是，社会主义有关经济权可以通过国家集权来进行分配的结论，工人阶级的广泛参政将催生英明的大众决策的结论，在我看来，同样是一种想当然。有什么理由让我们相信，通过投票来决定如此多的事务，就可以展现迄今为止从没有被发现过的公民才智以及他们的潜在兴趣呢？社会主义有关民主的设想在根源上存在谬误，即认为人民，所有的人，都有治理国家的能力。更不可思议的是认为，给已经无力承担现有责任的人民增加新的使命，会让他们更加胜任承担公民责任。社会主义的理论假设是一个无止境的公民责任的怪圈，是一团由本已经非常复杂的政治利益扭成的乱麻。

如此种种优生的、教育的、道德的、平民主义的、社会主义的民主弊端疗法，都假设选民与生俱来拥有处理公共事务的能力，或者他们正朝着这一理想不断前进。我认为，这是个虚妄的理想。我并不是说这是一个不好的理想，而是说这是无法实现的理想，如同一个大胖子想成为一名芭蕾舞演员。理想所表达的应该是一种可以实现的目标，否则它将扭曲真正的可能实现的目标。在我看来，公民无所不能、至高无上的理想，是十分虚妄的，是不可能实现的。追求这样的理想只能误入歧途。正是追求这样的理想而无果，才催生了如今的幻灭。

个体公民并非对所有的公共事务都有自己的主张。他不知道怎样处理，不知道正在发生什么，为什么会发生，将要发生什么。我也无法想象，他怎么可能知道这一切。没有任何理由能够支持神秘的民主主义者的想法，即无知个体的混合体能够给予公共事务持续的引导力量。

# 第三章 代理人与旁观者

一

当一位公民获得选民资格的时候,他发现自己理论上已经成为一名决定重大事项的统治者。他没有参与组建这个庞大而复杂的国家治理机器,这个机器拥有50万联邦政府官员和难以计数的地方行政组织,他对其知之甚少。在他还没有搞懂一切之前,便被各种合同、债务、条约和法律束缚住了。他并没有为治理国家日夜操劳,他只是偶尔注意到其中的一些小片断。然而,他站在投票站前的那一刻,他就忽然成了一名具有高度智慧和公益精神的选民,甚至能够洞悉两个政党中哪一个更适合执政,并把自己的选票投给它。

实际上，社会治理是由专职人员完成的，他们对大量具体问题进行安排和处理。这一过程普通公民几乎无法触及。在漫长的选举间隔期，社会治理是政治家、官员以及一些有影响力的人来做的事情，他们与其他的政治家、官员和有影响力的人达成一些共识。公众只是偶尔了解、评判或影响他们达成的某些共识。它们实在是太多、太复杂、太晦涩难懂了，无法成为公众舆论持续关注的主题。

并没有确切的和书面的规定要求处理政府日常事务的人对广大选民的意愿负责。除特殊情况外，他们只对具体事件中的直接利益相关者负责，即其他的政治家、官员以及有影响力的人。现代社会作为一个整体，是无法被所有人看得见摸得着的，也无法让所有人都能搞清楚它是如何持续性发展的。其中的某一部分能被某个特定群体注意到，另一部分能被另一个群体看懂，其他部分也各自有能够读懂它们的人存在。

即使在这种认知层面上，也只有不断提升代理人或专业机构认识问题的广度、深度和复杂度，才可能拥有处理问题的相应能力[1]。即便如此，这些代

---

[1] 参见本人所写的《舆论》，第二十五章和第二十六章。

理人也只能给广大公众一些微不足道的帮助,因为他们的发现对心不在焉的人们来说太错综复杂了,而且看起来也总是那么无趣。事实上,如今普遍存在着对专家和专业统计结果感到厌倦和轻蔑的情绪,如果不是政府部门、大公司、工会和行业协会迫于自身的行政需要,以及其他企业集团要求他们记录、评估、公开自己的行为,并对这些行为负责的话,管理现代事务的信息机构可能会被完全忽视。

伟大社会中,不仅需要将信息公之于众,还需要持续不断地这样做,这是毋庸置疑的。但是,如果认为这是为了将信息告知所有选民,那便是一种严重的误解了。我们只不过处于信息公开的初级阶段,但业已存在的事实已经远远超出我们的关切。以铁路部门为例,我们会阅读他们公开的财务信息吗?几乎不。只有少数分散于各处的主管人员、银行家、监管官员、货运代表等相关人员才会去阅读。我们这些不相干的人对这些信息视而不见,并且给出充分理由:还有很多其他的事情等着我们去做。

人们不可能阅读放在门阶上的或者投递到家中的报纸上的所有文章。即使通过无线电的发展,每个人都能看到和听到发生在世界各地的一切,换句话说,如果信息公开成为绝对，人们又能花多少时间去关心与他毫不相干的"偿债基金委员会"或者"地质勘探局"呢？人们可能会调换频道，关心一下威尔士亲王的行踪，或者干脆失望地关掉收音机，在没有任何干扰的世界里寻求一丝宁静。今天已经够糟糕的了，被头天晚上印刷的晨报、早上印刷的晚报、九月份编辑出版的十月刊杂志，以及电影、广播等来自四面八方的媒体信息轮番轰炸，人们的脑袋被迫盛放各种演讲、辩论和不相干的事情。所有信息对于公众的接受度而言，实在是太多了。生命太过短暂，无法追求无所不知，要想数清所有树上的所有叶子，那是不可能的。

二

如果所有的人都时刻为国家大事而思虑谋划，那么显然，世界上的其他工作就没人做了。人们不会将社会看作一个整体来面对具体问题。农民考虑的是种小麦，还是种玉米；机械师考虑的是去宾夕法尼亚工作，还是去伊利工作；在有限的预算内，是买一部福特车,还是买一架钢琴;如果买福特车,是从艾尔姆街的车间直接购买,还是从寄来广告的代理商那里购买。做这些决定的时候,他的选择非常有限。全世界范围内可供他选择的工作机会,不会比全世界范围内可供他选择结婚的女人更多。这些琐碎的日常选择不断积累,成为社会治理的组成部分。它们也许被忽略了,也许被解决了,不管他有意还是无意地遇到它们,它们都是具体而明确的,只有少量解决方案可供选择,只会产生一个明确的、可见的结果。

但是,人们仍然被寄予期望,期望他们对社会的总体行为持有公众舆论。那位机械师被期望不仅要在宾夕法尼亚和伊利两地间做出工作选择,还要从国家利益出发,考虑如何对全国所有的铁路进行管理。总体意见影响着个体的具体决定,同时个体实践也在不知不觉中影响着总体意见,这二者你中有我,我中有你,在不知不觉中相互影响、彼此融合;然而,区分这两个概念,即明确的直接的意见与总体的间接的意见,是必要的。

明确的意见会引发直接的行动:接受一份工作,做一件具体的事情,雇佣或是解雇,买或是卖,留下或是离开,接受或是拒绝,发布命令或是执行命令。总体的意见只会产生委托的、间接的、象征性的、不明确的结果：参与投票，寻求解决方案，鼓掌拥护，认同或反对，旁观或参与或随声附和，满意或不满。明确的意见可以让一个人在个人权限范围内做出决定，并付诸行动，也就是以法律和习俗为前提，运用个人权利实现个人愿望。但是，总体的意见只能给出某种特定形式的表达，比如参加选举投票；总体的意见无法产生具体行动，除非与人数众多的其他人的总体意见合作形成舆论合力。

由于许多的人所形成的总体意见几乎都是含糊的、混乱的，所以无法据此行事，除非对其进行整合、引导、归纳，最终统一。将大量总体意见整合归纳为一个统一的意志，这并非黑格尔的神秘主义，如同诸多社会哲学家所想象那般；而是众多领导者、政客、筹划指导委员会所谙熟的一种艺术[1]。它的本质在于，从人们混乱的、模糊的感觉中分离并提取出象征符号，加以运用。感觉比思想抽象得多，但却更加鲜活，领导者善于将公众的各种意见、愿望统合为一，因此总体意见整合的过程就是强化模糊的感

---

[1] 参见本人所写的《舆论》，第十三章和第十四章。

觉、弱化具体意义的过程。在庞杂的总体意见转化为具体行动之前，最终的选择已经被限定在为数不多的几个选项中了。究竟哪一个选项会胜出，做决定的不是公众，而是掌控着公众舆论的个别人。

个人意见可能会很复杂，可能会引发相当复杂的行动，甚至产生一系列衍生的想法，好比一个人决定要造一座房子，随后设想出一百种建造方案。但是，公众舆论意见就没有这么多的连带责任和后续结果了。它只意味着参政的时候，用铅笔在一张纸上勾出选项，经过一段时间的等待和观察，决定一年或两年后，是用铅笔勾选同一栏中的选项，还是勾选相邻栏中的选项。做选择的时候，原因可能是$a^1$，$a^2$，$a^3$，……，$a^n$，但结果只能是A，参与投票的无论是天才还是白痴，都是如此。

在人数庞大的群体中，虽然每个人都拥有或多或少不同的观点，但是这个群体的行动必须趋于统一。人群越庞大、越复杂，最终的统一就会越模糊、越简单。

# 三

在讲英语的国家，个体与群体在行为对比上的差异，19世纪就已经被注意到了，但却被极大地误解了。比如，麦考利在《1832年改革法案》中对个体行为与政府行为的差别做了描述：

"在关乎个体方面，比如智慧、学识、勤奋、活力等，美国的表现比历史上的或现代的任何其他国家都杰出。而在国家掌管的事情上，美国就没那么优越了……工人们的生产过程显得漂亮、完美、快速、精密，而政府机构惩恶扬善的过程显得笨拙、生硬、迟钝、不确定，难道还有比这更为强烈的对比吗？毫无疑问，两相比较，我们同时看到13世纪的落后蒙昧与19世纪的高度文明，蒙昧的是政府，文明的是人民。"[1]

当然，麦考利提到的工厂生产与政府管理的差异是基于当时英国维多利亚女王的叔叔[2]和好饮善骑的乡绅阶层统治的时代。但是，普鲁士的官僚统治却充

---

[1] 引自"1832年改革法案演说"（Speech on the Reform Bill of 1832），《泰晤士报》，伦敦，1923年7月12日。
[2] 即威廉四世。——译注

分证明，政府行为和个人行为不一定存在这样的差别。存在差别的是公众介入的群体行为和没有公众介入的行为。

最根本的差别不是公共事业与私人事业之间的差别，也不是从众态度与坚持己见的差别，而是做具体事情的人与把握全局的人之间的差别。人类社会的有序发展需要每个人的点滴付出，有大量的具体工作要做，耕耘、种植、收获，建造、毁掉，让这个适合那个，把A变成B，把B从X移到Y。人们在做这些具体事情的时候，需要靠交换、契约、习俗和一些默契承诺组成的极为复杂的机制来协调各种关系。既然要做这些具体的事情，人们就必须学会理解这一复杂的过程，并明白自己义务的实质。但是，如果用投票或表达意见的方式，选择其他人来管理公共事务，那么，他们就只能对提供给他们的方案表达赞成或反对，接受或拒绝。他们可以对既已完成的事项或对某项提议说"是"或"否"，但是，他们无法说出自己头脑中的想法，也不能将其付诸实践。公众舆论的发声者有时能够界定人们的行为，但是他们的意见却无法落实这些行为。

# 四

就行政行为而言，一名普通公众永远都处于这一领域的外围。我们的舆论意见，从本质上来说，总是，甚至永远只是，停留在试图从外部影响他人行动的层面上。如果我们能够把握这一结论的全部意义，我想我们就能够找到一条正确的途径，从理性的角度来认识公众舆论的作用；我们就会知道如何解释民主的幻灭，我们将能够看到公众舆论理想的轮廓，而不是只接受民主的教条。这可能是真正可以实现的理想。

# 第四章 公众能做什么

一

我并不是说,没有其他可以实现的公众舆论理想,只是说本书想要揭示的这个极具实践性的理想是难以实现的。有人希望用美好的幻想来丰富人们的头脑,用伟大的精神使自然和社会富有生气,让奥林匹斯山矗立于云天之上,让亚特兰蒂斯岛重现于世界的尽头。然而,无论这些愿望如何承载美好,传递和平,可以断言,它们无助于公共事务的处理和解决。

乌托邦和涅槃境,根据定义,都有其自身存在的充分理由。也许,为了凝望它们、追求它们,值得放弃那些企图控制事件进程的不切实际的幻想。放弃,对任何人来说都是奢侈的，是难以做到的，然而所有人都不应沉浸在奢侈品中不能自拔。人们总是企图控制他人的行为，如果无法通过积极立法，那么至少也是要极力说服。当人们以这种姿态来面对公共事务的时候，他们就是公众，正如我此时所定义的：他们关于别人应该如何行事的看法就是公众舆论。越清楚地了解公众能做什么、不能做什么，就越能有效地使其在能力范围内发挥作用，越少地干预人们的自由。

公众舆论承担的社会角色是由它处于事件外围这一事实决定的。一种公众舆论可以影响另一种公众舆论，但是，公众舆论本身却并不能控制行政行为。公众舆论通过投票，通过赞成或反对、附和或抵制被表达出来。但是，这种表达本身没有意义，它们只有影响到了事件进程才会体现出价值，而且，它们影响到的必须是事件的执行者。我相信，准确地说，公众舆论是决定公共事务次要的、间接的因素，这一认识为我们发现公众舆论的局限性、寻找公众舆论的可能性，提供了线索。

## 二

可能马上就会有人提出反驳意见，选举使一班人马下台，另一班人马上台，这就是公众舆论的一种表达，它既不是次要的，也不是间接的。但是，选举究竟是什么呢？我们称其为一种大众意愿的表达。但是，它的确如此吗？我们走进一个投票站，在一张纸上，从两个，或三个，或四个选项中，勾出一个名字。这样我们就已经表达出了自己对美国公共政策的看法了吗？我们会在这件事情或那件事情上，有许多不确定的想法，但是，显然，在纸上简单地勾划，根本无法表达这些复杂的想法。通过选举来表达需要花几小时才能表达清楚的想法，这是空谈和幻想。

选举是一种支持的承诺。它是一种表达方式：我支持这个人，我站在这一边。我加入他们。我愿意跟随。我愿意买账。我要抵制。我要反对。我鼓掌欢呼。我嘲笑戏弄。我的影响力投在这里，而不是那里。

公众不能决定谁是候选人，不能撰写宣言，也不能制定政策，不比制造汽车或者演戏做得更多。公众个体可以接受或拒绝眼前这个对他做出承诺、给他演戏、向他兜售汽车的人。作为一个整体，公众的群体行动就是对其所拥有的能量的总动员。

多数裁定原则被试图描述为拥有内在道德与智慧美德。19世纪，人们通常认为，多数人中蕴藏着大智慧，那是上帝的声音。有时候，这种恭维是一种由衷的神秘信奉，有时候，则是一种与权力理想化相伴随的自欺欺人。本质上，它不过是君权神授的一种新面目。然而，任意人群中51%的多数就能代表美德与智慧，很显然，这种根深蒂固的观点是荒谬的。由于认识到了这种荒谬，因此产生了一整套保护少数群体权利的法律，并精心设计出各种方式保护艺术、科学，以及其他人类志趣，使之不受多数裁定原则的束缚而存在。

在政治领域中，为多数裁定原则进行的辩护并非基于它的道德优势，而是基于文明社会中多数人的力量必须得以体现。我把选举称作一种征募行为，一种表达支持或反对的结盟，一种动员。我认为，无论是在历史上，还是现实中，基于多数裁定原则的选举都含有军事隐喻，是内战的一种升华和变体，是没有流血的书面动员，就是这样。

宪政民主主义者们（在选举间歇期并没有理想化大多数人）承认，一张选票就是一颗文明的子弹。萧伯纳说："法国大革命推翻了一系列旧有的规则，代之以不同的政治见解。这正是英格兰人民在每七年一次的大选中要做的事情，如果他们愿意参与的话。因此，可以说，革命在英国是一种国家制度，它需要英国人民的支持，毫无疑问。"[1] 当然，无论人民参加武装斗争，还是参加选举投票，社会都会发生巨变，但是，如果我们认识到选举是战争的一种替代形式，我们就会更好地理解选举的本质。"17、18世纪，选举制在英国萌生"，德怀特·莫罗在为莫尔斯教授的著作撰写序言的时候写道，"随后逐渐从英国传播到世界上几乎每一个文明国家，政党通过选举获得执政权，在很大程度上，选举成为革命的替代品。"[2] 汉斯·戴布流克认为，多数裁定原则是"一项纯粹的实用性原则，谁要避免内战，那就让在任何情况下都处于战斗上风的人来统治，上风是指数量

---

1 《革命者手册》(*The Revolutionist's Handbook*)序言，第179页。
2 《政党及政党领袖》(*Parties and Party Leaders*)，第16页。

上的优势"[1]。

尽管选举本质上是战争的升华,但我们一定不要忽视这升华的重要性。一些迂腐的理论家想剥夺所有不能服兵役的人的选举权,在这样的逻辑下,妇女自然不能拥有选举权,因为那被看作对选举价值的歪曲。对于这种理论学说,我们尽可以不予理睬,因为,虽然选举制度就其历史渊源而言是一种暴力的结盟,但如今它已经演变成了各种力量的联盟。而今它仍然维持着这种联盟,尽管在现代民主政治中,它已经丧失了绝大部分原始结盟状态中的军事冲突成分。在南方,这种成分还有残留。黑人被暴力剥夺了公民权,在选举中也没有存在感。在一些政治不稳定的拉美共和国,每一次选举在某种意义上仍然是一场武装革命。事实上,美国官方已经公告承认,在中美洲国家用选举代替革命是政治进步的一种尝试。

也许有必要建立一种理论,即公众能做的并不是通过选举表达他们的意愿,而只是赞成或反对某项提议,对此,我不想更深入地讨论下去了。如果这种理

---

[1] 汉斯·戴布流克,《政府和人民意志》(*Government and the Will of the People*),第15页。由罗伊·S. 麦凯尔温(Roy S. MacElwee)翻译。

论被接受，我们必须摒弃民主治理能够直接表达人民意愿的观念，我们必须摒弃人民统治的观念。取而代之，我们应该接受的理论是，通过偶尔动员大多数，人们可以支持或反对实际掌权的个别人。我们必须承认，公众意愿并不总是直接参政，而只是偶尔介入。

# 第五章 抑制专制

一

如果这是公众行为的自然属性,那么,能为它设置一个怎样的与自身相符的理想呢?

我认为,我们应该从设置它的最低理想开始。不视其为杰出群体在遥远的未来可能会实现的理想,而是当作一种看得见、摸得着、实现得了的理想。在评估公众能力的时候,一种合理的政治理论必须坚持最大的安全系数,它必须适当低估公众行动的影响力。

我们已经明确,公众的行动主要仅限于联合公众能够掌控的主导性力量,偶尔介入公共事务。我们还必须假定，公众并不了解局内人掌握的事件的具体情况，不能分享他们对事件的看法，因此他们无法分析意图或评估确切背景，不知道行动者的想法或深入问题的细节。他们只能看到事件的轮廓，大概知道自己的立场应该在哪里。

我们必须假定，公众将无法在危机明晰之前预料到它，也不会在危机过去之后持续关注它。他们不会知道事件的前因，不会知道事件如何发展，不会仔细思考该如何处理，也没有能力预知行动产生的结果。我们必须假定，作为公众治理固有的理论前提，普通公众无法获得足够的信息，没有持续的兴趣，没有党派观念，没有创造力，也没有执行力。我们必须假定，公众对其关注的公共事务不会给出专业观点，他们的关注度是间歇性的，只能感知一些皮毛，很难被唤醒，很容易就转移了注意力，他们依据自己的意愿行事，善于在思考中加入主观色彩，只有事件成为具有矛盾冲突情节的通俗戏剧时才能唤起他们的兴趣。

公众在演出进行到第三幕时抵达，在演出结束前离场，只要能辨清谁是好人，谁是坏人，对他们来说就已经足够了。然而，做出这种判断，通常不需要什么天赋，只要看看表演，了解一点剧情，掌握粗略的信息就可以了。

因此，我们不能把公众舆论看作是一种保护力量或创造力量，引领社会朝着预定目标发展，向着社会主义或者背离社会主义，向着爱国主义、帝国、国际联盟或其他理论目标发展。由于有人不认同共同目标，这直接导致了缺乏共识，产生问题，引发公众的关注。尽管人类个体显然有着相互冲突的目标，但是人类整体拥有容纳一切的共同目标，而你或我恰好是这一共同目标的授权代言人——这是无稽之谈。如果我们的结论是公众拥有救世主的力量，那么，我们就进入了一个走不出的怪圈。

二

即使没有公众舆论有意识地引导，世界上的事情照旧持续地发生、发展、演变。在某些节点上会出现问题。只有问题演变成为危机，公众舆论才会干预进来，目的是帮助缓解危机。

我认为，这是一个必然的结论。尽管我们乐于相信公众行为的目的充满正义，承载真善美，但在现实面前这种信念无法自圆其说。在绝大多数情况下，公众并不知道某一危机事件中，真理和正义究竟是什么，关于美好和善良，他们也无法形成统一意见，而面对邪恶的存在，他们同样无法唤醒自己。只有当正常的生活秩序被邪恶打破的时候，公众才如梦方醒。最终，危机消失，并不是我们想象的那样，正义得以伸张，而是某种应对危机的可行性方案奏效了。如果面对危机，公众的表现并非我们判断的这样，如果他必须高举正义的旗帜，认真应对每一次危机，那么，他将不得不付出自己所有的时间和精力，这是不可能的，也是不可取的。如果实现正义、真理、善良、美好仅仅靠公众舆论偶尔地、粗略地干预一下，那么在这个世界上，它们的实现是没什么指望的。

至此，我们为公众舆论卸下了所有的隐含义务，包括解决实质性问题，给出技术性决策，试图伸张正义，或者加强道德训诫。取而代之，我们认为，危机来临之时，公众舆论是一种联合起来的力量，助力那些有能力解决问题的个别人采取行动，化解危机。教育公众的最终目的是让他们具备辨别出这些个别人的能力。为推动公众行动而进行的研究是为发现这些个别人提供清晰的线索。

当这些线索通过一些粗糙的、简单的和客观的测试，揭示出一场论战中哪一方支持某种有效的社会规则、哪一方抨击某种无效的社会规则、哪一方给出某种更有希望的社会规则的时候，这些线索就具备相关性。追踪这些线索，公众可能会明晰自己的选择。但是，我们应该记得，这些选择经不起内在价值的拷问。仅仅依据客观线索，他支持看起来按照清晰的行为规则处理问题的一方，反对看起来按照自己难以解释的意愿处理问题的一方。

在这一理论中，公众舆论是一种力量储备，在公共事务危机过程中采取行动。尽管它自身是一种非理性的力量，但在相应机构的运作下，在适当的引领和调教下，捍卫法律的人们可以运用公众舆论的力量反对专权暴政。在这一理论中，公众舆论并不参与制定法律，但却可以遏制非法力量，从而为制定法律提供必要的环境。它并不参与推理、调查、创新、说服、讨价还价或者做决定，但是，却在制约侵略性政党方面显示出智慧。公众舆论的最高理想是保护那些随时准备依据理性采取行动的人，使其免于专权独断之人的妨害。

应该指出的是,公众舆论充其量也不过是一种具有持久性的、代表理性的革命力量。无论专制统治有多么深重,只要没有引发危机,公众舆论就不会向它发起挑战。所以,必须有人对专制统治率先提出挑战,公众才能随后响应,支持并帮助他。

## 三

我认为,这已经是公众舆论有效作为的极限了。对解决问题实质,它除了无所作为,就只能无知而专横地管管闲事,而这完全没必要。问题的实质必须交给那些与公共事务保持能动关系的人去解决,而不直接相关的人只能表达赞同或反对,或在白纸上勾划选项。如果能够帮助他人的理性得以彰显,那么,他们做的就已经足够多了,他们就已经尽己所能了。

当公众舆论试图直接参政的时候,它无法摆脱失败或暴政的宿命。它既无法理智地掌控问题,除了通过大规模地施加影响也别无处理问题的方式。民主政治理论并没有认识到这一事实，因为它将政府职能当作人民意愿的体现。这是一个幻想。制定法律法规以及通过数十万公职人员来保障法律体系的运行，如此繁杂的事务根本不是源于选民的投票或者他们的意愿。

尽管政府的行为并不代表公众意愿，但是，政府的主要职能仍然是更有针对性地、更深入细致地、更具持续性地处理那些公众舆论只能粗略地、随意地完成的工作。政府推行一些社会运行规则，并对其进行解释；发现并惩处某种侵犯行为；构建新的规则框架；拥有组织有序的力量，以对抗无序的力量。

和公众舆论一样，政府处理公共事务也会是糟糕的。当政府企图对其官员施加影响，不再通过获得利益相关各方的认同而采取适当的稳定的调节手段时，它变得冷酷无情、愚蠢专横，甚至具有了掠夺性。公职人员由于其职务优势，尽管比普通的报纸读者能够更好地理解问题的实质，更好地采取行动，但是，从根本上而言，他仍然处于其参与事件的外围。由于身处外围，他也只是对事件的直接责任者提供间接的帮助。

因此，与其将政府描绘成人民意愿的代言人，不如说它由一些被选举的或被指派的公务人员组成，他们专门负责处理各种问题，首先是那些时不时出现的引发公众舆论关注的问题。当直接责任者解决不了这些问题的时候，公务人员干预进来。当公务人员的干预也不起作用的时候，公众舆论就可以出场了。

## 四

这就是我们给出的公众参政的理想运行模式。在任何问题中碰巧成为公众一部分的人们，只要建立一种平衡氛围就可以了，这种平衡氛围有利于通过协商达成共识并直接解决问题。处理世界事务的重担，开拓、创造、执行的重担，维护正义、制定法律和道德准则的重担，掌握处理事务的外在技巧和内在本质的重担，都不应该由公众舆论或者政府来承担，而应该由承担责任的相关者以代理人的身份来承担。理想的状况是，当问题产生时，由特定的利益相关者来解决问题。从长期来看，与利益相关者协商给出的解决方案相比，公务人员或者通勤火车上只阅读报纸通栏标题的普通人给出的方案不会更好。

没有任何道德准则，也没有政治理论可以经常或长期地以公众舆论为名强加于人，除非是在强权被解除武装时达成直接协议。

公众舆论能够发挥的作用就是在危机中抑制武力的运用，这样达成协议的人们就可以共生共荣。

第二部分

## 第六章 亚里士多德之问

以上结论与已被普遍接受的民主政治理论大相径庭。民主政治理论的基本前提是公众引领公共事务的发展，而我认为，这样的公众纯粹是个幻影，是个抽象的概念。关心铁路罢工问题的公众可能正是需要铁路运输服务的农民；关心农业税问题的公众恐怕包括正参与罢工的铁路工人。在我看来，公众并不是个体公民的集合体，而是对某一特定公共事务感兴趣的一些人，他们只能通过支持或反对执行者，进而对事件施以影响。

不能指望这些随机聚合在一起的公众在问题讨论

中能给出什么有价值的观点。只有跟随很容易辨识的相关线索，他们才能让自己的支持力量较好地发挥作用。有这样的线索吗？它们能够被发现吗？它们能够被明确阐释，并被公众很好地接受和运用吗？本书第二部分的各章节将尝试回答这些问题。

这些线索必须很容易识别，不需要洞察问题的实质就能获得。当然，它们必须与问题的解决密切相关。这些线索必须告诉公众，应该站在哪个立场上，才能最好地促进问题的解决。简言之，它们必须为信息闭塞的公众采取合理行为指引方向。

环境是复杂的，人的政治判断力是有限的。能否在两者之间架设一座桥梁呢？自从亚里士多德在他伟大的《政治学》第七卷中提出这个问题以来，它就一直困扰着政治学界。亚里士多德是这样回答这个问题的：社会必须维持足够简单和足够小的规模，以适应公民有限的能力。我们生活在伟大社会中的当代人无法接受他的建议。正统的民主主义者自负地回答了亚里士多德的问题，他们假设公众舆论拥有无穷的政治力量。一个世纪的实践让我们不得不否定这种假设。对我们而言，这个古老的问题依然没有答案；我们既不能像亚里士多德那样，排斥"伟大社会"，也不能像民主主义者那样，夸大公众的政治能力。我们不禁要问，是否能找到用简单办法解决复杂问题的途径。

我斗胆试想，这个问题或许能够解决，在复杂环境与人的有限能力之间成功架设桥梁，需要阐明一些基本原则。不用说，我在本书中呈现的并非是这些原则的最终定论，而最多能为进一步研究提供一个线索。但即便如此，鉴于这一问题必须面对的各种困难，我仍然预感到，这样做可能过于鲁莽，所以，我赞同笛卡尔的那句话："毕竟，我可能是错的；将铜和玻璃当成了黄金和钻石。"[1]

---

[1] 《谈谈方法》(*Discourse on Method*)，第一部分。

# 第七章 问题的本质


一

本着几分笛卡尔的精神,让我们从一个假设开始,假设你的所有经验都局限于一个一目了然的狭小世界。在这个世界里,你眼中没有更好或更坏,没有好人,也没有坏人,没有爱国者,也没有奸商,没有保守派,也没有激进派。你会是一个完美的中立者。基于此,你永远不会感觉山峰耸立比波峰跃起存在的时间更久;也感觉不到人能够走来走去,而树木不能;亦无法判断演讲者的吼声与尼亚加拉河的怒吼,哪一个更稍纵即逝。

延展你的经验范围,你会发现恒久不变的事物有了一些改变。你会意识到昼夜更替，虽然还没有感知季节的交替；你会意识到物体在空间移动，虽然还没有感知岁月的流逝。如果此时，你已经形成了自己的社会哲学观，难道不会毫无疑问地得出以下结论吗？——人们总是在做他们注定要做的事，人们的个性永远不会改变。难道这样的结论会被那个世界里的有关民族、种族、阶级、性别的专题研究所忽略吗？

但你的经验范围延展得越多，你注意到的世界的变化也就越多，直到最后你可能会与赫拉克利特一样发出"万物皆流动"的感慨。当星辰、石头看起来都有了历史变迁的痕迹，那么人类及其社会制度、风俗、习惯、理想、理论、政策，看起来也都只是相对持久。你将不得不得出这样的结论：只要注视得久一些，便会发现，那些乍看起来恒久不变的东西，只不过是比其他的东西变化得慢一些而已。

有了足够丰富的经验之后，你必然会认识到，那些影响人类生活的形形色色的元素，包括人类自身的个性特征，都在发生改变，当然它们并不是以同样的步调在改变。各种事物都在以不同的速度成长、成熟、衰老、消耗，直至最终消亡。一个人，他的同伴、他的用具、他的习惯、他的信条、他的需求、他满足欲望的方式，都在岁月中不断地改变着。变化有的快，有的慢，有的不请自来，有的千呼万唤始出来。而这样的归类也在不断的更新之中。

取代19世纪那种令人鼓舞的宏大的进化和进步体系，似乎未来将会有无数个发展进化体系彼此相互作用和影响，有些相互关联，有些彼此冲突，但每一个体系都在按照自己的步调和规律进行着发展演变。

非均衡进化过程中产生的不和谐将是人类需要面对的问题。

二

我们假设一个完全不了解19世纪历史的人面对一份1800年至1918年间的"美国发展统计摘要表"，他会注意到，世界人口增长了2.5倍；整体贸易增长42倍；航运吨位增长超过7倍；铁路里程增长3664倍；电报量增长317倍；棉花产量增长17倍；煤炭产量增长113倍；生铁产量增长77倍。生活在如此发展不均衡的世纪里，他难道不会怀疑人们将面对许多革命性的社会问题吗？

单从这份表格数据中，他无法做出以下推断吗？——人口大规模流动，人们的职业、劳动性质、需求、生活水平、追求夙愿都发生了巨大变化。他无法做出以下推断吗？——1800年的政治体系已经随风俗、礼仪、道德规范等新的社会关系的发展发生了巨大变化。1800年相对稳定的、小型的、几乎是自给自足的社会形态已经被新的社会形态所取代，甚至已经被彻底颠覆。当他想象着这些数据背后呈现出的社会现实时，他无法做出以下推断吗？——作为人，生活在这些冰冷数字勾画出来的如此多变的世界里，他们一定经受着旧有习俗与未来理想的激烈冲撞。新体系建立和形成的过程必定会遭遇各种磨难、拷问和挫折，与之相伴随的是对物质进步的渴望和内心大量的混乱与矛盾。

三

为了更具体地说明问题的本质，我们用最简单的形式来研究人口问题。马尔萨斯首先提出这一问题，为了论证，他假设两个变量以不同的速度进行演化。人口，每25年增加一倍，即以几何级数增长；土地出产的粮食，在相同时间内也有相同的增长，但是却"以算数级数增长"[1]。他写书的时候大概是1800年，他估计当时英格兰的人口有约700万，土地出产的粮食足够供养这些人口。因此在1800年，人口与粮食二者间没有问题产生。到了1825年，人口数量按照马尔萨斯的增长速率假设将会翻一倍，达到1400万，粮食也同样会增加一倍。人口与粮食问题也不会产生。但是，到了1850年，人口将会达到2800万，而粮食的增长仍然维持相同的增量，只能满足700万人口的增长要求。如果任由人口自然增长，粮食必定供不应求，人口过剩粮食短缺问题必定会产生。在1800年到1825年间，人们分摊到的粮食数量相等，而到了1850年，由于人口和粮食的增长速率存在差异，人们得到的粮食数量只有从前的四分之三。这种变化关系，马尔萨斯明确地称之为"问题"。

如果我们把马尔萨斯讨论的情况变得复杂一点，

---

[1] T. R. 马尔萨斯，《人口论》(*An Essay on the Principle of Population*)，第二章。

假设在1850年,人们的胃口变小了,觉得四分之三的粮食量已经足够了,甚至更健康了,那么,1850年就仍然不会出现问题,因为"粮食"和"人口"这两个变量在调节中能够达到平衡。如果情况相反,假设1800年之后,人们要求提高生活水平,需要更多的粮食供给,然而却没有更多的粮食产出,这将加速问题的产生。或者就像实际情况那样[1],假设粮食供应量的增长比马尔萨斯预计的要快,而人口数量的增长却没有加快,问题将不会在马尔萨斯预计的时候产生。或者假设,由于控制人口出生率,人口的增长速度放缓,马尔萨斯最初提出的问题也不会产生[2]。或者再假设,粮食供给的增长大于人口对其需求量的增长,那么,问题将不是人口过剩,而是农业生产过剩。

在一个绝对静态的社会里,是不会有问题产生的。问题由变化而生,但变化不是孤立的。变化不易觉察,除非我们用与其变化速度不同的东西做参照。如果宇宙中的万物都以每分钟一英里的速度膨胀,

---

[1] A. M. 卡尔-桑德斯,《人口问题》(*The Population Problem*),第28页。
[2] 马尔萨斯在自己后来的著作中验证了这一点。

或者以相同的速度收缩，我们将永远觉察不到变化。我们只能说，在上帝的眼中，我们可能忽而变得像蚊子一样小，忽而变得像大象一样大。如果蚊子、大象、椅子、行星都和我们保持相同的变化速率，我们将无法感知这些变化。变化只有在与其他事物的对比中才能显现。

两个相关变量的变化关系是产生问题的根本原因[1]。因此，城市中的汽车问题并不单纯是汽车数量增加导致的，还与城市道路的发展以及司机的素质有关。如果拥挤的街道上充斥着大量由鲁莽的人驾驶的汽车，那么现代警察也会束手无策。由于汽车工业的发展速度比城市道路的发展速度快，由于一些人获得驾照的速度比他们学会礼貌驾驶的速度快，由于汽车数量在城市的增长速度比警察的招募、培训以及工资增加的速度快，所以，理所当然就会出现由拥挤、令人讨厌的尾气以及撞车而引发的汽车问题。

尽管这些麻烦看似来自汽车业的发展，但实际上却并非如此，问题来自汽车业发展与城市发展之间

---

1 参见W. F. 奥格本，《社会变革》（*Social Change*），相关内容散见于书中各处，但尤见于第四章第一节的"文化落后的假设"（The Hypothesis of Cultural Lag）。

的关系变化。这听起来有点像吹毛求疵，但是，我们必须这样坚持，否则将永远无法准确地定义一个问题，也无法坦诚地面对问题，成功地解决问题。

比如，国防问题永远不能由总参谋部来陈述，因为他们只依靠自我认知来评估必要的军力，而必要的军力事实上需要依据敌方的实力来参照。至于军事上选择和平还是战争，这一问题总是取决于双方实力的对比。军事力量是一种纯粹的相对概念。若要对付西藏手无寸铁的山地居民，英国海军就像是无助的孩子。若要对付太平洋上的捕鱼者，法国陆军也根本派不上用场。衡量军力强弱需要明确对手，知己知彼：老虎和鲨鱼，是无法进行比较的。

现在人们公认，可能会产生冲突的军力对比即处于一种军事和平的状态。而一种竞争性的、时常处于不稳定状态下的军力对比，则是战争的前奏。美国和加拿大的边界上没有军事问题，并不是因为两国的军事实力相当，而是所幸，美国认为与加拿大做军力对比是没有必要的。两国军力是不相干的两个变量，彼此间没有关系，其中的一个发生变化不会影响到另一个。如今，美国的战舰在大西洋或太平洋上没有需要应对的军事问题，因为目前海上只存在英国和日本两个能与美国相匹敌的军事力量，而它们都与美国签订了条约，明确了彼此的军力对比[1]。但是，对于没有纳入此条约的其他所有船只而言，大西洋或太平洋上都存在着军事问题。而如果《华盛顿条约》(*Washington Treaty*)被废弃，潜藏的问题就会浮出水面。曾经同步发展的三国海军军力会被相对不均衡发展的军力所取代，它们之间就会相互比较了。

## 四

经济活动领域也是一个问题多发的领域。正如卡塞尔所言[2]，经济包含两个主要变量：人类的欲望与满足人类欲望的方式。满足人类欲望的方式"通常十分有限"，而"现代人类的欲望作为一个整体"（追求所有现实目标）是"无限的"。因此，在经济生活中，"在欲望与满足欲望的方式之间"，永远存在着必要的平衡调整。供需关系矛盾是问题不断产生的根源。

---

[1] 然而，关于火炮射角的争议表明，众多变量共存，维持武力威慑的均势状态是多么困难。
[2] 古斯塔夫·卡塞尔，《社会经济理论》(*A Theory of Social Economy*)，第一章。

我们可能会马上注意到，经济学家并没有宣称，他的全部职责是在人类欲望与满足人类欲望的方式之间进行调整。他常常忽略一些事实，比如，人需要呼吸空气。由于空气是无限的，所以人对空气的需求不会得不到满足，而且多余的空气也绝不会给人类生活带来任何负担。然而，当空气的供给量不足时，比如在拥挤的棚户区，人们就必须要面对经济问题了，人们制定法律，规定每个人限量使用空气。换言之，经济学家将欲望与满足欲望方式之间的失衡，当作他研究的兴趣领域，满足欲望的方式是可以找到的，但数量有限。在所有的欲望都能得到满足的世界里，对他来说，没有问题存在；在没有欲望的世界里，或者在欲望可以通过人的自我意识调节而得到满足的世界里，也不会有任何问题。问题的产生至少需要两个变量，它们相互依赖又彼此独立：欲望和满足欲望的方式。这两个变量必须具有改变的倾向，这样才能打破先前的平衡关系。

卡塞尔说，在经济系统中，对欲望与满足欲望方式之间的关系进行成功调节，就是我们所谓的合理的经济状态。"完成这一任务可以有三种不同的途径：第一，消除不重要的欲望，限制欲望总量；第二，最大限度地挖掘可满足欲望的方式；第三，增加人的主观能动性。"[1]

由于问题是由供需关系不协调造成的，因此，需要通过增加供给或限制需求来解决。选择哪种方式，首先，视具体情况而定，看哪种方式更可行；其次，在可行性基础上，选择更简单、更受欢迎的方式。这两个方法都会为我们解决问题提供帮助。当两个变量在调整中旗鼓相当，互不干扰，便不会有问题出现，两者的存在也不会被意识到。

---

[1] 古斯塔夫·卡塞尔，《社会经济理论》，第7页。

# 第八章 社会契约

一

我们无法想象，世间的万事万物彼此都能和谐相处，没有矛盾。在桑塔亚纳[1]所谓的本质世界之外，我们知道的或者能想象出的和谐必定是以某些牺牲为代价的，即牺牲与其他人、事、物有冲突的愿望。

---

[1] 乔治·桑塔亚纳（1863—1952），生于西班牙的美国诗人、哲学家，曾任哈佛大学教授，是李普曼在哈佛时期的老师，对李普曼产生深刻影响。他是美国宗教唯心主义批判实在论创始人之一。他将唯物主义、柏拉图派的实在主义和唯心主义等不同的哲学主题交织在一起，创立了"批判实在论"哲学。他对大多数关于进步和道德提高的19世纪哲学提出了挑战。桑塔亚纳在哈佛所有的课李普曼都参加，有些课是个人辅导的性质。桑塔亚纳的著作《哲学三诗人》（*Three Philosophical Poets*）对李普曼的影响极大，以至于他在大学三年级完全以该书为中心进行学习。——译注

果树为我们提供果实，我们把吃果实的飞虫消灭掉，因此，水果只为我们成熟。我们并没有考虑因此而导致的无数飞虫的不和谐。

以永恒为视角，地球上的和谐应以人类为中心，还是以虫子为中心，可能完全不重要。因为若以永恒为视角，以无垠的宇宙为出发点，我们所谓的好或坏、更好或更坏，根本就不存在。所有的价值观念都来自这一宇宙中事物之间的对比，倘若将宇宙作为一个整体是无法衡量其自身价值的，如同作为一个整体它无法为自己称重，因为它所有的价值和重量都自我包含。倘若要将宇宙作为一个整体进行评价，你必须像上帝那样，置身于宇宙之外，否则便没有发言权。

吃果实的飞虫很不幸，因为我们注定会用人类的价值观衡量它。在人类力量占优势的世界里，它必须屈服于人类建立的和谐标准。我们可能会本着公平的原则，承认它理论上有权建立自己的和谐标准与人类抗衡，如果它能这样做的话；我们也可以说它的标准更好，如果它愿意的话，但事实上，对人类而言，所谓的好是对人类的好。人类认识到的宇宙，并非纯粹客观的宇宙，也并非飞虫所感知到的宇宙，而是人类与外部世界互动所感知到的宇宙。站在人类以外的其他任何生物的立场上来看，人类世界的概念都是歪曲的，这个世界完全是按照人类的意愿而设计的，所有的形状、颜色、气味、声音都是以人类感官为依据而定义的。各种关系都是在人类需求的背景下被认识和接受的。

在人类的利益、目的、欲望主宰的世界里，视野更为狭窄。这里不存在整个人类的观点，只存在个别人的观点。在人类发展的整个历史长河中，在地球上的任何一个角落里，皆如此。对与错、好与坏、快乐与悲伤，都是特定的、局部的、相对的，只在某时、某地、某种情况下，适用于某些人。

## 二

面对不断深化的多元主义，思想家们仍在徒劳地争辩。他们创造出社会有机论、民族精神论、超灵论、集体意志论等等；他们致力于将蜂巢、蚁群、太阳系，以及人体进行类比。为了找到联盟（union）的些许根基，他们求助于黑格尔理论中的更高的一致性，求助于卢梭理论中的"公意"。尽管人们的想法不同，愿望各异，个人利益也不一样，彼此不会轻易融合、妥协，但是，人们不可能独自生存在这个世界上，个人愿望的实现也不可能完全不考虑他人的行为和意愿。无论如何，我们别指望消灭所有差异，形成统一。对我们来说，冲突和差异是无法避免的客观存在，以至于我们不能无视它们。我们与其寻找统一的目标，不如寻求不同目标的和谐相处。

那么，当我们再谈及伟大社会中问题的解决方案时，就意味着，我们只要找到利益冲突双方的"权宜之计"就可以了。当然，这或许是因为他们摒弃一切冲突，其中的一方向另一方妥协，或者双方向第三方妥协，但是，绝大多数社会问题的解决并不如此简单。任何矛盾都不可能被轻易解决。矛盾各方仅仅是找到一种互惠毫厘，以及在不大量流血的前提下共存的方法罢了。

他们仍然保留各自不同的立场、不同的想法，他们没有形成统一的思想和目标，但是，他们各行其道，并没有发生冲突，甚至有时候还相互依赖、互相帮助。他们明确自己的权利和义务，知道自己可以期待什么，知道自己可以被寄予怎样的期待。他们拥有的权利往往比他们期待的要少，他们承担的义务则比他们期待的更多。然而，由于他们在某种程度上处于被迫服从的状态，所以，即使有利益分歧，他们仍旧会相互妥协、相互协作，这是可以被理解和预知的。

无论在哪个历史时期，权利和义务系统中的"权宜之计"通常都获得了高度宗教化的或理想化的认可。一个时代的思想家通常以神灵的启示为名，构建出那个时代的社会制度、法律、道德、风俗等。这些无聊的幻想已经破灭了上千次。无论何时，说到底，主流的权利与义务体系都是社会利益间权力平衡的一种老套模式。正如奥格本先生所言，滞后的现象永远存在，人们身处的权利与义务体系通常比他们最需要的滞后一些。然而，不管这一体系陈旧与否，在源起处，它都宣称：权利是某人可以坚持的主张，义务是某人必须承担的责任。

## 三

现行的权利与义务体系是为了协调人们不同的利益诉求而建立的。一项既定的权利是一种承诺，指某种特定行为将得到国家力量的支持，至少是社会态度的支持；一项义务也是一种承诺，指不尊重他人权利的行为将会受到惩罚，惩罚包括死刑、监禁、剥夺财产、剥夺某项权利等。简言之，权利与义务体系是由法院和公众态度给予支持的整个承诺体系。它并非一成不变，因地、因时、因习俗或社会特征的不同，而呈现出不同的面貌。尽管如此，它依然使人们的行为在某种程度上更趋理性，通过限制和规范追求彼此冲突的目标的自由度，在多样性中建立一种和谐。

有时候，这些承诺体现在强制性的法律法规中：这样做你会受到惩罚，你只能那样做，你不能够如何如何。有时候，承诺基于相关双方的契约：虽然并非一定要制定契约，但是，一旦契约形成，便必须依照它来执行，否则就要付出相应的违约代价。有时候，承诺基于教会的准则：它必须被遵守，否则罪人将会在未来或在现世中招致惩罚。有时候，承诺基于风俗：它必须被尊重，否则无论何时都必将付出代价。有时候，承诺基于习惯：必须遵照它行事，否则就要面对混乱和纷扰。

是否有某项特殊的权利或义务需要被强制执行呢？由谁来执行，警察、公众，还是个人良心？这些问题不是由先验（a prior）推理来回答，而是由社会的主流利益群体来回答。每一个利益群体都会尽己所能，对社会权利和义务体系施加影响，使之最符合己方利益。最终的体系将是不同利益群体竞逐结果的反映。他们将辩论当作武器，发觉对己有利的，就会维护；发觉对己不利的，则会排斥。即使最客观的诉求，也会呈现出一定的利益倾向。

## 四

在利益交战中，关于特定规则的价值问题将引发讨论。讨论的焦点是这种规则到底好不好？是否需要动用这种或那种措施强制执行？在讨论中，通过说服或胁迫，来制定、执行和修订这些特定规则。

本书的论点是，公众作为公共事务的旁观者，无法参与特定规则价值问题的讨论。他们必须从外部做出判断，他们只能以支持某一直接利益相关方的形式参与进来。这导致了公众无法对具体问题产生兴趣。那么，公众会对什么问题感兴趣呢？在讨论的哪一个阶段，公众的兴趣会被激发出来呢？

只有当有人提出反对意见时，公众才能意识到问题的存在；如果没人提出异议，那就意味着问题解决了。对于公众而言，任何被相关各方都接受的规则就是正确的。由此可见，公众对某一问题产生兴趣仅限于：应该有规则可依，而且这些规则是强制性的，非强制性的规则应依照既定规则加以调整。公众认为，约翰·史密斯应不应该做，或者做什么，都不重要；公众无须知道约翰·史密斯的动机和需要，这与公众不相干。公众关心的是约翰·史密斯必须依照承诺办事，也就是按规则办事，因为除非社会契约的制定、执行、修订有既定规则可依，否则社会就无法建构。除非用权利与义务体系加以规范，否则人类相互冲突的各种利益诉求便会使问题源源不断地产生。

公众感兴趣的并非规则、契约、习俗本身，而是一个政体的规则、契约、习俗体系如何维护。公众感兴趣的是法律体系，而不是具体的法律；是法律的运行方式，而不是法律针对的具体情况；是契约的神圣性，而不是契约的细节；是风俗习惯建立的基础，而不是这个或者那个风俗。公众之所以关心这些，是为了人们能在自己可以积极应对的事务中找到一种"权宜之计";公众的兴趣在于建立有效的规则来定义和预知他人的行为,以便及时进行自我调整。公众通过支持、反对、投票、罢工、联合抵制或联合支持等方式施加影响,而只有当公众这样做可以支持某人执行旧规则或提出新规则时,才能产生效果。

在这一理论中,公众并不是法律、道德的源泉,最多是法律、道德在方法上或精神上可被动员的一种储备力量。虽然我否定了公众制定社会规则的功能,但是我并没有摒弃公众所有的社会功能,我只是说,公众应该放弃名不副实的社会功能。当企图插手具体问题的时候,公众只能成为某一特殊利益群体的愚蠢而不明智的队友。事实上,只有一个利益原则被普遍认可:所有的特殊利益群体都应该按照既定规则行事。当你问这究竟是什么规则的时候,你已经触犯了特定观点、个人、阶级、部门和国家偏见的利益竞争领域。公众不该问这是什么规则,因为这个问题无法回答。如果承认建立某种权利与义务体系是必要的,它就会为社会问题的解决提供一定的帮助,但是,并没有什么体系是绝对神圣的。

# 第九章 公众面对的两个问题

大量规则存在于人们的生活中,却并不干扰人们的生活,其实,它们与公众没什么关系,只有在遇到问题时,它们的存在才会显现。所有愿被遵循的习俗,平等签订的契约,信守的承诺,愿望的实现,这其中都没有问题。即使有人违规,只要违规行为被明确地指出、清晰地认定,并坚决地惩处,也不会有什么问题。违规者自己招认罪行,从而被识别出来。即使他自己否认罪行,人们也会通过诉讼程序将他识别出来。规则这个概念,我认为,在任何案例中,包括发现、阐释、实施的方式,都应该与格言警句一样，是完美无缺的、不容破坏的。公众的力量可以在维护规则的号令下毫不犹豫地集结起来。

对公众来说没有问题，除非对规则的有效性产生怀疑，即对规则的含义、公正性或者实施方式产生怀疑。当产生怀疑时，公众需要简单而客观的测试来帮助验证。测试中必须回答两个问题：

第一，规则有缺陷吗？

第二，如果规则需要修订，如何选择修订规则的代理者？

我认为，只要回答了这两个问题，在解决公共事务时，公众就可以最大限度地发挥其影响力了。请注意，这并不是所有人都需要回答的问题。如果一位公民希望避免无知的干预，那他最好只关心和他有关的事情就好了。

那么，他将如何判断规则是否存有缺陷呢？他将如何选择规则修订的代理者呢？如果真的要回答这些问题，他必须在无法了解问题实质的情况下也能够快速作答。他真的能做到吗？他能够在不知情的情况下明智作答吗？

我认为，这个显然存在悖论的事情是可以通过某种方法来完成的，以下四个章节我将对此进行详细论述。

# 第十章 公开辩论的主要价值

依据某项规则做事的人将会关注该项规则的具体内容。但是,对于那些与他的行为不相干的规则,他关注的重点是规则的可行性。

公众的组成人员并非一成不变,他们随事件变化而变化,一个事件的参与者可能是另一个事件的旁观者。在不同领域里,人们变换着身份,忽而是事件的决策者,忽而是一个普通的旁观者。这两种身份的区别并不是绝对的,正如我在第三章中所说:这是个模糊地带,一个人很难判断应该按照自己的想法做决策,还是仅仅去影响其他决策者。这两种行为常常混杂在一起，在任何事件中都没有清晰的界线，这使得公共事务处理中，极大地混淆了公众态度与个人态度。在某些问题上，大众的观点被一些假托大众观点的个人观点搞得含混不清。按照自己的喜好歪曲规则的人往往假装或想象自己是为了维护公众的需求，认为应该有一条符合自己心意的规则存在。

因此，从一开始就要及时发现并排除假大众之名的利己者，这很重要。我这样说，并没有任何指责利己者之意，这不会起任何作用，因为人们在任何时候都会做有利于自己的事情，这是必然的。在任何社会，建立在自我否定和个人牺牲基础之上的政治理论都毫无价值。它完全不能体现人们努力工作是为了追求个人利益，人们为公共事业付出也是要有所得。而且，如果人们对此有充分意识，并试图彻底探究的话，就会发现上述情况更接近真实了。

因此，在任何富于启发性的公开辩论中，天才不会隐藏或审查个人利益，而是因势利导，帮助它找到航向。在我的定义中，真正的公众必须从利己主义群体中分离出来。这样做不是因为利己有什么不好，而是因为如果利己者都将私利伪装成公众意愿，那么，众多私利根本无法调和。本应该单纯依据事实做出判断的真正公众，如果只是为了追求个人利益的实现而被动员起来寻求舆论优势，这样的行动是虚伪的，无法呈现事件中各方的真实诉求，问题也就无从解决。问题解决不了，是因为真正的公众不会对任何事情保持长时间的积极应对状态，当他们四散而去时，那些被错误标榜的个人利益就会获得难以控制的特权。这就好比有六个警察在场，某个人便可对峙杰克·登普西[1]，可是警察们却回家吃饭了，扔下他一个人在那儿。这也好比有盟军支持，法国就能够制服德国，而盟军却撤出了欧洲，把法国扔在那儿不管。

将公众与私利群体分离开来，不会得到私利群体的支持。我们可以确认，只要有可能，任何农民、商人、贸易公会会员都会自称为公众。那么，如何才能发现他们隐藏的私利呢？任何普通的旁观者都没有能力识别那些私利与无私的公众捆绑在一起的宣传。这是一个令人困惑的问题，也许是让政府最头痛的问题，旁观者只能求助于辩论。可以想象，他没有能力判断各种论据的价值，但是，如果他坚持要有充

---

[1] 杰克·登普西（Jack Dempsey），1919年至1926年世界重量级拳王。——译注

分的辩论自由，那么私利维护者就很有可能相互揭发，逐一显现。公开辩论也许没有结果，或者并没有给出解决问题的答案，但是它有助于识别出党派人士和私利维护者。如果能够为真正的公众识别出他们，辩论也就实现了其主要价值。

不直接相关的人仍然可以选择加入私利群体，并支持其利益主张。但是，他至少应该知道，他已经使自己成为了一名党派人士。因此，也许他不太会将某个党派的目标错当成人类的目标。

# 第十一章 有缺陷的规则

一

一个人违反规则,还公然宣称自己是对的。这是挑战规则合法性最简单的一种方式。这是一项对公众裁决的呼吁。

违规者宣称,他要按照一种比旧规则更好的新规则行事。公众该如何判断这新旧两种规则呢?我们认为,公众不会去探究问题的实质,而是去问违规者为什么不在破坏规则之前首先征得相关者的同意。他可能会说没有时间,这是危机中的行动。在这种情况下,对公众来说,问题并不严重。由于这显然是特殊情况,他也并没有真的建立起一个新的规则,所以如果相关各方能够和平圆满地解决问题，公众也就满意了。如果设想一下，不是在紧急状况下，违规者有足够的时间可以征询相关者的意见，他明知该怎样做，却没有做，他就会受到谴责；其他各方也会反对这种行为。

改革旧规则的权利不会如现行规则一样受到保护；一项新规则，即使有非常好的设想也未必能施行，除非它在一定程度上得到与之相关的所有人的理解和认同。当然，改革者会回应说，他被这一片面的教条束缚住了手脚。这也许是事实。我们可以援引有关认同的历史经验来反驳新规则需要满足的这一教条。许多历史事件表明，某一政权起初被强加于不情愿的人民，而后逐渐被接受。获得认同是必要的，这一信条并非颠扑不破，绝大多数规则也是如此。然而，这是社会运行不可或缺的一个前提假设。如果新规则的运用不需要征得同意，那么，每个人都可以建立自己的规则，那也就没有规则可言了。因此，"需要获得认同"，这一信条必须被保留。当然，特殊的时代或特殊的人，也可能会凭借其力量让任何信条为之让路。由于社会规则不能建立在特殊案例基础上，所以特殊案例必须证明自己是正当的。

因此，检验规则的破坏行为是否合理，关键要看是否获得了认同。于是问题又来了，某一位公众成员该如何检验是否获得了足够的认同呢？他如何判断这个政权是被强加于民的，还是真正得到了人民的认同呢？

二

我们想知道是否缺少认同。如果存在着公然的反对，我们知道那肯定是缺少认同；或者拒绝服从成为一种普遍现象，从中我们也能感知缺少认同。一项可行的规则，只要得到认同，就不会引起反对或太多的违抗。作为公众，我们该如何衡量反对的意义或者违抗的程度呢？

三

对于很少有人与之直接相关的争论事件，公众最好的选择就是根本不参与。提出异议者恐怕无人理会，除非他们对抗的是为裁决争端而设立的公共法庭。公众不能指望参与到各种鸡毛蒜皮的个人争端中去，无论对个人来说那些事是多么悲惨或多么重要。个人间的争端不应被视为公共事务，只有当公共法庭遭遇挑战时，公众才有必要介入进来，而且，只是因为这一事件需要其他法庭来调查。介入争端时，公众必须信任那些检验矛盾双方行动的调解代理机构。如果我们还记得公众是由一天中只有半小时时间读报的大忙人组成的，保持谨慎的态度就很有必要了，我们无法相信公众能够深入细致地对事件进行公正裁定。

与许多人密切相关的事件就是公共事务了。因为这类事件不仅影响大，而且需要动员一切公众力量，争取一个和平的解决方案。

公众必须考虑那个涉及多数人利益的反对意见。但是，公众如何知道有人已经提出了这样一个反对意见呢？这就必须要看发言人是否得到了授权。如何判断发言人是否得到了授权呢？也就是说，如何判断他能够在行动过程中代表人民表达赞成或反对意见呢？表面看似领导者的人是否是真正的领导者，这一问题对于公众来说无法深入实质明确判断。然而，他们必须以某种方式并依据某种经验规则来回答这个问题。

经验规则将举证责任交给了那些否认表面看似领导者的人是真正领导者的人。就像国与国之间，无论另一个国家的政府有多么讨厌，只要其国内没有公然反抗，公众舆论就不会追究。除非派人潜伏在另一国境内玩弄权术探查究竟，否则只能认可该国政府的治理。但是，如果出现了公然反抗，或者其他略温和的反抗形式，或者选举迫近，那么最好避免与其制定长期协议，直到一个牢固的政权产生。但是，如果的确需要制定协议，那么，此协议必须与在该国首都执掌政权的政府签署。

相同的理论略加修正，就会适用于国内的大多数情况。以矿工工会的官员为例，雇主否认他们代表工会的矿工，这是徒劳的，他应该否认的是他们代表非工会的矿工。一旦有问题出现，需要工会出面表态，那么，除非工会成员弹劾工会领导，否则公众必须视他们为得到了授权。

但是，假设工会领导受到了内部工会成员的挑战，公众该如何评判这种挑战的重要性呢？让我们来回忆一下，其实这样做的目的不是判断反对者是否正确，而只需判断代言者是否辜负了给予他们的委托。评判这种挑战，公众需要考虑，反对者凭借其人数、战略重要性及决心，会在多大程度上动摇对代言者的认同。但是，如果我们期待公众能够做出这些判断，那么，我们的期待恐怕是过高了。就算公众能够判断挑战的重要性，也只不过是粗略的、外在的。如果反对者并不是挑战代言者的资格，他们只是批评而不是反叛，那么公众就无须关注了。那属于内部纠纷。公众要关注的只是出现了以不服从相威胁的反对者。

在这种情况下，如果代言者是选举产生的，他们就有能力维持一种可靠的认同，直到举行新的选举。如果代言者不是选举产生的，又明显存在反对意见，那么，对他的认同只是暂时的。当然，这些并非是判断反对重要性的原则，但是，作为一种比较合理的解决方案，是可以被接受的。

它们引入必要的修正，使普遍原则更具可行性，即大部分人的认同可以简单地视为对代言者的认同。

## 四

"遵从检验"(the test of conformity)与"认同检验"(the test of assent)密切相关。可以想象,对一项规则、习俗、法律、制度的公开批评已经伴随着,或者即将导致对该规则的不遵从。可以有把握地假设,人们通常是希望遵从规则的;公开指出规则问题并愿意为之付出代价的任何人都会有他一定的理由;更为肯定的是,他们中有相当数量的人不仅批评规则,而且不遵从规则。他们提出的异议可能是错的,给出的解决方案可能是愚蠢的,但是,以个人冒险的方式提出公开批评,这是规则不得人心的一个信号。因此,广泛的批评具有超越其自身价值的重要意义,从表面上预示着规则的不稳定。

一个规则被废除并非偶然,通常是因为这个规则有缺陷。对于期待遵循它生活的人们,它无法给出合理的行为规范。它也许看似高尚,但并不实用,无法协调关系,无法有效地组织社会。

我提出的"认同"和"遵从"两个检测方法可以帮助公众在有关规则的事件中做出判断,但是,公众无法明确地判断该规则在哪些方面存在缺陷。规则缺陷的产生是由于错判了相关力量的平衡变化,还是忽略了某个要点或相关环境,或者由于规则本身的调节能力不佳,或者有内在矛盾之处,或者晦涩难懂,或者阐释不清,或者缺少从普遍规则到特殊规则的推演,公众无从判断。

我相信,这又回到了公众能力的局限性问题上了。由于能力所限,公众很难判断规则的缺陷究竟在哪里,这需要随后求助代理机构,来帮助完成这项工作了。

# 第十二章 改革的标准

## 一

随机聚合的旁观者,即公众构成者,即使他们有心,也无力参与解决现实社会中的所有问题。他们偶尔能够起些作用,但是,我相信,他们对社会生活中复杂而充满变数的各种问题不可能保持长久的热情,他们甚至不可能做出哪怕是最粗略的判断。通常,他们把事务代理权委托给具有专业素养的公众中的杰出人士。绝大部分问题都在这些专业人士的能力掌控范围内,普通公众只能捕风捉影地了解到一点点。

如果在各利益相关方和公众杰出人士的讨价还价中,不断推出问题的解决方案,那么,执政党便可以对治国充满信心。实际上,局外人只能跟随在掌握大局的局内人身后。但是,如果各利益相关方无法达成一致,如果问题演变成为骚乱或者持久性危机,那么,局内人中的反对势力将以国家的希望为名,动员旁观者站在他们的立场上采取行动。

时局稳定的时候支持执政党,不稳定的时候支持在野党,尽管二者难分伯仲,但这仍然是大众政府的本质。经验表明,即使最聪明的公众群体最终也必将在执政党与在野党之间做出选择,由谁来执掌国家政权,组织国家和军队体系。一个社会如果没有这样的选择就不会形成大众政府,那将是独裁者和政治阴谋家制定规则的舞台。

尽管党派人士都习惯于将执政党与在野党描述得仿佛存有根本性的差异,但我相信,事实会证明,在稳定成熟的社会中,两者的差异一定不大,否则被击败的少数派将不断地蓄意谋反。如果每一次选举过后,胜利者都不会做任何事情改变失败者无法忍受的生活,而且失败者还不得不忍耐自己并不赞同的政策,这样的选举将是灾难。

在美国、英国、加拿大、澳大利亚以及其他一些欧洲大陆国家,选举完全不是竞选者描述的那样。选举只意味着政治事务的管理中出现一些新面孔,也许政务管理的总基调会略有差异。执政党可能倾向于集体主义,而在野党倾向于个人主义;外交事务方面,执政党也许更多地持怀疑与不合作的态度,而在野党会表现出更多的热情与信任;执政党也许更注重工业利益,而在野党更在意农业利益。但是,相对于朝野双方在绝大多数问题上的相互认同、既成的习惯和不可避免的共存需求而言,这些不同的倾向实在是微不足道的。事实上,可以说,只要选举没有导致任何激进的结果,则国家政局稳定。

因此,在成熟而完善的社会里,总会存在某种装腔作势的严肃的竞选游戏。让人激动兴奋的不是国家命运,而是游戏的结果。有些人的激动是真诚所致,如同酒醉的激情;更多人的激动则是被煽动起来的,金钱的投入可以帮助广大选民克服惰性。执政党与在野党的真正区别在于:执政党上任后,对政策的承诺和与特殊利益集团的纠缠如此之深,使他们失去了判断问题的中立立场。他们无法约束与其结盟的利益集团肆意妄为的举动。轮到在野党执政,便要重新建立一种平衡。在政党交替执政的游戏中,在野党的价值在于,他们藐视那些已经被高估的特殊政策和特殊利益。

判断执政党是否在有效地管理公共事务，只要看有没有出现棘手的问题就可以了。正如我在前一章所指出的，改革的必要性可以通过"认同检验"和"遵从检验"来判断。但是，我的观点是，绝大多数公众不可能在每一个问题上支持每一个改革者。他们看各种问题是被解决了还是变得严重了，以此来判断是选择执政党，还是选择在野党。所以改革者优势的形成通常来自执政党的糟糕表现。

然而，如果要使公众舆论更好地发挥作用，就必须要对当前重大问题整体的判断做具体拆分，进行局部的、具体的判断。并不是所有公众感兴趣的问题都包括在政治视野内，或者可以通过政党制度加以解决。因此，在具体论战中，制定出帮助旁观者判断的标准，看来是很有必要的。

问题是，论战中需要一些明确的或粗略的客观检验来判断谁是最值得公众支持的。

二

如果规则是清晰明确的，其合法性不受质疑，违规行为以及违规者也是清晰可辨的，那么问题就不存在。公众支持维护法律的人，在法律运行良好的情况下，公众的支持就如同银行里的黄金储备：它的存在尽人皆知，而无须动用。但是，在许多情况下，规则并不是清晰明确的，或者规则的有效性遭受质疑，每个人都声称自己的行动代表了人类的最高理想。在国与国之间、局部利益之间、不同阶级之间、城市与农村之间、教派之间的纷争中，可进行调解的规则缺失，人们便迷失在各种言论的迷雾之中。

然而，在最难分胜负的论战中，公众被要求出面做出裁决。哪里的事实最模糊，哪里缺乏先例，哪里的事态一片混乱，公众就被请出来，做他们根本不胜任做的重要决定。公共机构无法解决的最头疼的问题都推给公众来解决。

在这些情况下，公众可以使用一种"调查检验"（the test of inquiry）的方法来进行判断，即论战中哪一方最不愿意将其所有的申明提交检查并接受检查结果。这并不意味着，行家永远是行家，法庭永远公正，它只意味着，当公众不得不参与对他们而言陌生又复杂的公共事务时，公开调查检验是公众最可靠的办法，去检验要求者的诚意，检验他面临严峻考验时的信心，检验在理性范围内他是否甘愿为信念而冒险。被检验者可以质疑执行法庭，但他至少要给出替代性建议。在已有规则缺位的情况下，这可以检验他是否愿意依照法律框架，并遵照法律程序行事。

在公众舆论可选用的所有检验方法中，调查检验是最普适的一种。如果各方愿意接受它，那么，马上就会形成理性的氛围。即使行不通，至少可以争取时间，延缓鲁莽的行动，获得澄清问题的机会，在论战中最专横的一方也很可能将被识别和孤立。难怪这会成为最近在《国际联盟盟约》[1]和《国际争端太平洋议定书》[2]框架下，解决所谓无法裁决问题时援引的原则。使用调查检验方法时，我们可以肯定的是：存在争议，但孰是孰非还不清楚，还没相关政策可依。尽管如此，我们这些局外公众仍然要说，论战各方必须遵照法律行事。即使还缺少得出合理结论的依据，我们也需要运用理性的途径和理性的精神来解

---

[1] 第13、15款。
[2] 第4、5、6、7、8、10款。

决问题。我们不惜任何必要的牺牲，比如推迟满足合理需求，一方失败或者产生不公正的结果。我们之所以坚持这些原则，是因为我们维护的这个社会是建立在所有争议都以和平的方式解决的原则基础上的。

也许事实并非如此，但是，我们的社会应该是建立在这一原则基础上的。对这一原则，我们必须捍卫。我们还可以用足够好的良知来捍卫它，尽管会对它的一些直接后果感到不安。因为在所有的争论中坚持理性精神，从长远来看，我们便会形成理性思维的习惯。在理性习惯盛行之处，没有什么观点是绝对的，没有什么人与人之间的问题是难以解决的，至少会有权宜之计。

调查检验是一种主要的检验方法，公众可以运用它的力量来扩展理性空间。

三

调查检验可用于识别有资格最先获得支持的一方，而只有当某一方拒绝接受调查时，这一作用才得以显现。如果所有各方都服从、接受调查，那么将无法识别，总之，它没有给出解决方案的前景。信息公开的一方也许透明度更高，也许传达了善意，但遗憾的是，真诚并不代表智慧。那么，公众该用什么标准来判断作为解决方案的新规则呢？

事实上，公众并不清楚新规则是否行得通。但是，无论如何，在一个变化的世界里，没有什么规则是可以永远适用的。因此，一项规则应该便于人们在实践中清楚地发现它的不足。这项规则还必须清晰明确，以使违规行为可以被轻易地发现。但是，没有任何一种普遍性原则能够适用于所有具体事件，这就意味着规则必须包含一个可以阐释的固有程序。因此，若某一条约规定，满足一定条件时撤出某一地区，却没有进一步阐明这些条件具体是什么，以及这些条件何时得到满足，那么，这个条约就存在明显的缺陷，应被废弃。换言之，一项规则必须包含对自身的充分说明，以使违规行为无所遁形。这需要依赖实践，人类的智慧无法预见。

因此，制定一项规则，需要使其能够在不发生革命的情况下得到修订。对规则的修订也必须获得认同。但是，认同并非总能获得，即使变革的主张占据绝对优势，也要谨慎为之。人们通常站在各自的立场上申明主张，因此，为了打破僵局，应该为修订规则设置一个规范的程序，相关的辩论也应该公开进行。这样做往往会破除障碍，否则，将只为部分党派群体的利益服务。这一过程有可能会因无知的、粗暴的、缺少目的性的公众舆论的干预而产生麻烦，这至少会使直接相关者吸取教训，下次不再请求公众的介入了。

尽管可以对规则做出修订，但是不应该是频繁的或者无法预见的。习惯的养成和风俗的形成需要时间。演说者会抓住任何机会展示自己的重要，但是一壶水不必一直沸腾，也不必因一些无关紧要的原因而被搅动。由于不同的人的习惯和期待都包含在同一个制度中，所以必须要找到某种方式确保制度的稳定，而又使它不至于僵化。要做到这一点，必须在预先告知（due notice）的情况下，使修订有序进行。

在每一个具体事件中，究竟会有怎样的预先告知，公众并不知道。似乎只有相关方才知道事件中公众在哪里介入是最恰当的。预先告知需要预先多久，这对于任期时间长度不同的人而言，也各有所不同。但是，公众可以判断预先告知的原则是否已经在解决方案中被清晰表述。

要检验一项新规则,这里有三个可供选择的标准:是否包含对自身的明确解释;是否包含对其自身修订的认同要求;是否包含提出修订意见的预先告知。这些检验标准可以用来评估规则的前景,但依据的不是其实质,而是其规范程序。一项改革如果能够经得起这些标准的检验,那么,它通常会获得广大公众的支持。

## 四

这就是我目前所知道的对于亚里士多德之问——我们能制定简单的标准,帮助旁观者在复杂的事务中弄明白他们应该如何选择吗?——的回答。

前文我曾指出,辩论的主要价值不在于为公众揭示争议的真相,而在于让公众识别出群体偏见者。我也曾进一步指出,有缺陷的规则会引发问题的产生,规则的缺陷最好由公众通过"认同检验"和"遵从检验"来判断。至于规则修订的问题,我认为,通常情况下公众会支持在野党反对执政党,尽管这一总体判断可以通过对具体问题进行更多的分析性检验不断完善。作为更具分析性的检验的案例，我提出了针对复杂论战的"调查检验"和针对改革者的自我阐释、修正程序、提前告知检验。

这些标准既不是透彻详尽的，也不是彻底全面的。然而，无论如何通过实践和反思来完善这些检验，我认为，仍然会有许多具体的公共事务无法适用于此。我不相信公众有能力干预所有的公共问题。盲目支持，就是公众所能做到的一切，而这无法推动问题的解决。因此，如果以上罗列的这些检验方法，或者其他一些有助于极大推动规则完善的检验方法，并没有轻易解决当今所有的问题，那也不必大惊小怪。

我要坚持的观点是，如果公众不能用这些检验方法指导他们的行动，那么，最明智的选择就是什么都不要做。如果能够克制住自己，他们最好保持中立，而不是成为盲目的群体偏见者。当事情非常复杂，或者各种关系非常微妙，或者难于理解的时候，公众并不会如前文那样理性地为争端做出裁决，他们如果参与进来，此时最大的可能就是一头雾水、稀里糊涂。由于并不是所有的问题都能用今人的知识解决，很多有可能被解决的问题也不在公众解决问题的能力范围内。有的问题可以随时间推移自然化解，而有的问题则是人的命运。因此，问题的解决并不是总需要人的努力。

由此可见，公众在公共事务中的参与程度非常有限，这取决于他们的判断能力。公众的参与范围有可能随着新的、更好的标准被构想出来，或随人们在实践中专业能力的提高而不断扩大。但是，如果没有检验，或者检验无法被运用，或者换言之，如果单纯就争论自身的价值来讨论，那么，旁观者所采取的任何主动行为，毫无疑问，都只是添乱而不是帮忙。公众的职责就是保持开放的思维，并耐心等待结果。一个有价值的检验方法，其本身就可以判断公众是否应该干预进来。

# 第十三章 公众舆论的原则

一

前几章中给出的若干检验方法存在着共性,都选取少量的行为案例或提议的部分侧面,用粗略但客观、极具普遍性但又非常明确的标准来衡量它们。通过这些检验方法帮助公众在事件中做出判断,决定对行动者应该支持还是反对。

当然,我不会认为我构想的这些检验方法很了不起,其实它们不过是探索性的尝试,只是作为讨论的一个基础,用以说明构想出与公众舆论本质特征相符的检验方法不是不可能的。但是,我仍然要强调运用这些检验方法需要明确一些特定原则,原则要点如下：

1. 具体执行，这一工作不适于公众。公众只能作为具体执行者的支持力量采取行动。

2. 洞察问题的内在价值，这一工作不适于公众。公众只能从外围介入局内人的工作。

3. 对问题进行预测、分析、给出解决方案，这一工作不适于公众。公众的判断力只停留在问题的一些简单细小的事实环节。

4. 掌握解决问题所需要的具体的、技术性的、直接的标准，这一工作不适于公众。公众可掌握的标准对于许多问题的解决太过抽象了；公众的价值体现在监督程序的合法性上，以及公开的、外在的行为模式。

5. 留给公众做的工作是判断论战各方如何行事，是遵循已有规则，还是只按照自己意愿行事。必须通过抽样观察涉事局内人的外在行为样本做出这一判断。

6. 为了使这一抽样观察的行为样本更可靠，需要掌握一定的符合公众舆论本质特性的标准，这些标准可以帮助公众识别理性行为或专断行为。

7. 为了维护社会总体目标，理性行为需要遵循既定程序,无论是制定规则、执行规则,还是修改规则。

构想出抽样的方法、定义判断的标准,是政治学者的任务。训练公众掌握这些方法,是民主国家公民教育的任务。重视并采纳这些方法,是社会制度设计者的任务。

二

这些原则与民主改革者的原则大相径庭。我认为,他们的根本期待是教育民众实现自治,这里存在着一个预设的假定,即选民越多地掌握知识就越有可能成为一名有自己观点的负责任的选民。当然,总的来说,他从来都没有接近过这个目标。但是,他却被寄予了这样的期待,期待他只要了解更多的事实,只要他对公共事务投入更多的兴趣,只要他更多、更好地读报,只要他听更多的演讲,读更多的报告,他就会逐渐被训练成为可以处理公共事务的人。这套假设是错误的。它建立在错误的公众舆论概念和错误的公众行为方式概念的基础上。没有可靠的公民教育方案可以由此而来。朝着这个无法实现的理想努力，不会有任何结果。

这种民主观念的错误在于它没有认识到局内人与局外人的根本差别。它误入歧途的原因是希望局外人也能像局内人那样处理实质性问题。他做不到。没有任何教育方案能够预先教会他处理所有人类遇到的问题；没有任何宣传手段、教育机制能够预先告诉他危机中采取行动的细节和所需掌握的专业知识。

民主理想从没有定义过公民职责，它将公民视作一位不成熟的、神秘的所有事情的管理者。这个混乱的概念深植于社会观念中。"人民"被凝缩为一个人；他们的意愿被凝缩为一个意愿；他们的想法被凝缩为一个想法；他们被凝缩为一个有机体，每个人都是这个有机体的一个细胞。这样，这个被凝缩而成的选民便将自己视为社会管理者。他努力将所有人的想法化作他一个人的想法，将所有人的行动化作他一个人的行动，甚至，冥冥中把他们当作自己的一部分。将这一切混为一谈很自然地会产生如下理论：每一个人都在做着每一件事。这阻碍了民主政治清晰地认识自身的局限性，阻碍了其最终理想的实现。这也使人类活动中逐渐建立起的政府和社会教育的目的变得模糊不清。

因此，民主从来没有推动过公民教育的发展，它只是为需要尽责的人提供一些所需的浅显知识。事实上，它的目标并不是塑造出优秀的公民，而是造就一群业余的管理者。它没有教过孩子如何成为一名合格的公民，只是让他仓促大致地接触了他插手所有事情的时候可能会用到的知识。结果，他成了一个不知所措的公民和一个无法胜任社会事务管理的庸才。尽责的公民不是靠公民课程培养出来的，而是在法律学校、律师事务所和实践中成长起来的。一般而言，民众（包括不具备承担他们责任所需知识的所有人）没有经过任何系统的政治训练。我们的公民教育甚至还没有告诉选民，如何看透公众事务中的困惑，使之变得明晰。

批评，当然从没有停止过。批评者指出，对于社会治理，民主的自命不凡真是糟糕透了。这些批评者已经看到，重要决定只是由个别人做出的，公众舆论是不知情的、不相干的、爱管闲事的。他们得出的结论是，掌控局势的少数和无知的多数有着先天的区别。他们是对清楚呈现的弊端仅作表面分析的受害者。最重要的区别在于局内人与局外人，他们与事件的关系完全不同。只有局内人能够做决定，并不是因为他更有天赋，而是因为他被置于能够清楚地了解事件并采取行动的位置上。局外人总是无知的、不相干的、爱管闲事的，他正企图在陆地上驾驶航船。这就是为什么优秀的汽车制造商、文学批评家、科学家经常对政治问题毫无见地。他们的天赋，如果存在的话，只在他们擅长的特定领域中体现。贵族理论家是从谬误假设出发，即一个足够优秀的方钉也可以契合一个圆形的孔。简言之，和民主理论家一样，他们也忽略了问题的实质，即社会事务的处理能力仅仅与职责相关；人的优秀并非本质，而是针对某些事情而言的；人无法完全受良好教育，而只是针对某些事情接受教育。

因此，公民教育应该区别于公职教育。公民意识的培养与公共事务的处理根本不是一回事，它们需要的是完全不同的思维习惯和行为方式。公众舆论是盲目而热情的、间歇性的、简单化思维的、表面化的。它需要引领，正如我在以上章节中所尝试呈现的，一种新的思维方法将为它提供适用的判断原则。

第三部分

# 第十四章 社会归位

一

民主的错误理想只能走向幻灭或好管闲事的暴政。民主不能管理公共事务,但对此怀有期待的哲学总是鼓励人们去尝试他们不可能承担的使命。他们必将失败,同时这也将粗暴地干涉个人自由。公众必须归位,做他能力所及的事,这样我们每个人就可以摆脱迷惑的野兽般的肆虐和怒吼,享受自由的生活。

## 二

我认为,这种迷惑的根源在于企图描绘出一幅目标统一的社会蓝图。我们被教导要将社会看作一个有机体,它只有一个思想、一个灵魂、一个目标,并不是拥有各种不同思想、灵魂和目标的男人、女人和孩子们的集合体。我们不被允许思考现实社会的各种复杂关系,而是通过各种高大上的宣传被迫接受一个神话实体的概念,叫作"社会""民族""共同体"。

19世纪,主要在民族主义和社会主义运动的影响下,社会被人格化。每一个学说都按照自己的方式,主张将公众训练成为社会统一目标的代理人。事实上,真正的代理人是民族主义的领导者及其副手、社会改革者及其副手,然而他们却隐藏在幕后。公众惯性地认为,任何致力于民族发展和社会福利的人都应该得到支持;认为民族主义者的所思所为都是以民族国家的发展为目标,是所有爱国者的试金石;认为改革者的计划都是出于人类的仁爱之心,神秘而进步地走向完善。

这种欺骗横行,而且通常做出真诚的样子。为了维护好那个他们代表全人类精神追求的虚构故事,公务人员必须习惯于只对公众说出他们对自己说的话的一部分，而有时候，他们对自己说的话也只是他们所做的事情的一部分。"坦率"，在公众生活中是一个策略问题，而不是生活准则。

"他的判断可能是正确的，"凯恩斯先生提及劳埃德·乔治先生的观点时曾说，"他认为这就是民主能够做出的最好选择——在正确的道路上，被捉弄、被蒙蔽、被哄骗。一种对真理和真诚的偏见（作为一种方法，也许是基于某种美学或个人喜好的偏见）在政治上获得了实际利益。对此，我们还不肯定。"[1]

经验告诉我们，桌上的纸牌并不都是花色朝上。无论政治家个人对真理，作为一种方法，怀有多么深的偏见，几乎可以肯定，他都不得不将真理作为政治的一个要素来对待。有关这一点的证据是毫无疑问的。任何政治家都不会因为热爱真理而危及一支军队的安全；他不会为了启发每一个人而使外交谈判陷入危机；他通常不会为了坚持真相而在选举中丧失优势；他不会因为忏悔能净化心灵而承认自己犯了错。只要他有权力控制真理的公布，他就会利用

---

[1] 约翰·梅纳德·凯恩斯，《条约修订》(*A Revision of the Treaty*)，第4页。

这种权力满足他的需求，实现他的意图，讨价还价、鼓舞士气、提高威望等。他也许会误判某些需求，也许会夸大自己意图的好处，但是，哪里有公共事务的目标存在，哪里就会有明显的需求存在，这与轻率的信仰表达位于天平的两端，半斤八两。公务人员没有，也不能，按照虚构的故事行事，毕竟他的头脑也是普通公众的头脑。

你无法像愤怒的民主主义者那样，把所有的公务人员都斥为不诚实。这不是个人道德问题，商人、工会领袖、大学校长、牧师、编辑、评论家、先知，都如同杰斐逊曾写下的那样："尽管我们经常希望走得更快些，但是我们放慢脚步，以便我们那些热情不足的同行者们能够跟上我们的步伐……伴随着无畏与谨慎，我们与不可分割的大众（undivided mass）共同前行。"[1]

"不可分割的大众"这一需求让人们将真理置于次要位置。我无意去争辩这一需求往往并非真实存在。当一个政治家告诉我，披露所有事实对他来说是不安全的，如果我完全信任他，我会在这一点上认

---

[1] 出自杰斐逊致威廉·沃特的信，引自约翰·夏普·威廉姆斯，《托马斯·杰斐逊》（*Thomas Jefferson*），第7页。

为他是可信的。坦率的拒绝不会产生任何误导,危害来自一切已被告知的、公众对于公务人员的事完全知情的假象。这种危害的源头是辩称公众与组成公众的其他个体拥有同一个想法、同一个灵魂、同一个目标。一旦我们直视它,便会发现这是个荒谬的诡辩,是个没有必要的诡辩。尽管我们不懂医学,但我们可以和医生和睦相处;我们不会驾驶火车,但我们可以和火车驾驶员和睦相处。那么,尽管我们看不懂农业法案,为什么我们不能和参议员和睦相处呢?

然而,我们已经被深深地灌输了身份同一的概念,以至于我们最不愿意承认这个世界上还有差异存在,多多少少还有不同的目标追求存在。一元论者固执地认为,如果我们不团结在一起,我们就会被一个个地绞死。而多元理论,正如它的倡导者拉斯基先生[1]所言,看起来好似"无政府状态"[2]。这个说法有些言过其实。在职能分工明确并进入有序调整的社会领域里,是最不易出现无政府状态的。无政府状态最

---

[1] 哈罗德·J. 拉斯基(1893—1950),英国政治家。——译注
[2] 哈罗德·J. 拉斯基,《主权问题研究》(*Studies in the Problem of Sovereignty*),第24页。

容易存在于界定模糊的领域，国与国之间、雇主与雇员之间、部门之间、等级之间、种族之间。哪里没有任何清晰的界定，哪里多样的目标追求被掩盖并混淆，哪里虚假的统一性受到推崇，哪里每一种特定利益都永远宣称自己代表人民的利益并企图将自己的意图当作全人类的目标强加给所有人，哪里就是最容易出现无政府状态的地方。

三

自由主义怀着最美好的愿望，对阐明这种混乱状态做出了巨大贡献。它主要的洞见是发现个体存有偏见；自由主义者发现人无法摆脱肉体的束缚，这可以证明人的有限性。从所谓的启蒙时代到现在，激烈的批评要将民众从他们的现实遭遇中唤醒，正如培根所言，事物的影子化为心中的欲望。一旦确证了人类的自然属性，束缚的力量便被挣脱，来自四面八方的攻击便指向他那虚假的绝对权力。他面前呈现出他的思想和习俗的历史，他不得不承认，他的思想和习俗受到时间、空间和环境等诸多因素的制约。他还被告知,所有的观点都存有偏见,即使排除欲念也是如此,因为持有某一观点的人必定处于特定的时空中,他看到的世界并非整个世界,而只是从那一点看出去的世界。所以,人们认识到,通过自己的眼睛只能看到很小的世界,更多的信息是来自他人讲述的他人眼中的世界。他们认识到,所有人类的眼睛都有视觉习惯,它们通常是刻板的,总是将事实装入他们刻板的框架中;而且全部经验要比天真头脑的猜想复杂得多。人们眼中的世界图景是依据一半听来一半看来的东西绘就的;他们没边际地讨论着捕风捉影的东西,无意识地屈从于内心的欲望。

这是一个令人吃惊和不安的发现,自由主义者从来都不知道该如何应对。在莫斯科的一家剧院里,一位名叫伊万诺夫的先生对这个发现给出了合乎逻辑的诠释,他创作了一部独角戏。[1] 这是一种独特的戏剧形式,剧中所有的行为、道具以及不同的角色全都由一个人的表演展现给观众。表演者仿佛看到了舞台上根本不存在的那些东西,并依照自己的理解和想象呈现出它们的品质特征。因此,在老剧场里,如

---

1 肯尼思·麦高恩,《明日剧场》(*The Theatre of Tomorrow*),第249—250页。

果那个主角喝多了,他便会在那个空旷的舞台中央打转。但是,在伊万诺夫极为自由的舞台上——如果我正确地理解了麦高恩先生的描述——不是醉汉绕着灯柱转,而是两个灯柱绕着醉汉转,他自己则穿着得体,因为那就是醉汉自己的感觉,如同拿破仑·波拿巴一样。

伊万诺夫给我带来了很大的困惑,他似乎用一顶蠢人的帽子就击垮了那位自由主义者,将他置于一个不存在的世界里,除了从疯狂的镜子里反射出的他自己的荒唐丑态之外,什么都没有。但是,我随即意识到伊万诺夫的逻辑是有缺陷的,是虚构的。他一直在冷静旁观他塑造的醉汉主人公,其他观众也是如此,但是宇宙终究不会在幻想的烟雾中升起;醉汉主人公有他的观点,但毕竟还有其他的观点同样真实存在,还有可能与他的观点发生碰撞。例如,也许会有一个警察,而不是主人公一个人,这当然是我们的假设,他唤醒那位主人公,也唤醒我们。我们将事物的影子化作内心的欲望,可那欲求的并非事物本身。

尽管所有这些都证明自由主义的批评是理智的,但却没有回答这样一个问题:既然每一个人在某种程度上都是被两个灯柱围绕的醉汉，那么，这个被个人目标所支配的生物又如何能够促进任何共同目标的实现呢？答案是，通过驯服个体目标，启迪他们，使他们相互配合，就像小提琴和鼓能够在管弦乐队中和谐共奏一样。这个答案在19世纪是不能被接受的，那时的人们，尽管竭力破除偶像，但仍旧被身份的幻影所困扰。所以，自由主义者拒绝为小提琴手与鼓手书写和谐而又独立的乐章，他们高贵地呼求自己的最高本能，他们越过众人头顶与人交谈。

他们的呼求既含糊又笼统，他们根本无法告诉人们如何表现得真诚。但是，他们的独断专行却为人们提供了极佳的面具。因此，自由主义的面具开始被奸商、投机者、禁令主义者、沙文主义者、骗子及空谈者所利用。

自由主义者焚烧谷仓只为了烤猪肉。所有人都存有偏见，这一发现令自由主义者大为震惊，至今还没有回过神来。他对自己的这一显然是真理的发现感到极为不安，便想从普遍性中寻求解脱之法。他呼吁每一个人都要有良心，但却没有给任何人行动的指引；选民、政治家、劳工、资本家不得不制定自己的行为准则，也许伴随着一种广泛存在的自由主义情绪，但却没有自由主义思想的指引。随着时间的推移，经过自由主义在实践中的不断摒弃，当自由主义失去了与自由贸易和自由放任（laissez jaire）的偶然结盟时，它悲哀地需要努力证明自己是一种必要的、有用的精神，如同一种值得在周围萦绕的亲切的幽灵。当作为个体的人们不是被哲学精神指引，而只是按照自以为合理的原则行事时，这个幽灵就会出现，帮助他们纠正更加武断的偏见。

然而，即使只是幽灵，没有实体，自由主义仍然非常重要。它往往唤醒一个更温柔的心灵，软化行为中的坚硬。但是，它无法主导行动，因为它在自己的计划中已经排除了行动者。它无法像其他主导哲学那样告诉人们：你这样做，或那样做。它只能说：这是不公平的，那是自私的，那是专制的。因此，自由主义成了失败者的保卫者和解放者，但当他解放后，自由主义却不能成为他的指引者。而当失败者成为胜利者，他很轻易地将自由主义抛在一边。对自由主义者而言，他们已经锻造出了一种解放的武器，但却没有创造出一种生活方式。

自由主义者误解了他们一直呼求的公众的本质。事实上，公众在任何情况下都只是非直接相关者，只能联合起来支持某个行动者。但是,自由主义者并没有接受这个不带偏见的观点。他假设所有人都在声音可及范围之处,当他们听到了声音就会给出一致的回应,因为他们拥有同一个灵魂。他呼求的这种存于每个人心中的具有世界性、普遍性的,无私的直觉,其实根本不存在。

在乐观的人们所遵循的政治哲学中,找不到这种谬见。这些哲学都想当然地认为,在与邪恶的斗争中,有必要请一些代理人来做这项工作。即使这位思想家对人类失去耐心,大发脾气,但迄今为止,他也总是让某人成为他战役中的英雄。这正是自由主义相对于世界上一些影响巨大的理论的不同之处,它试图彻底去除英雄的存在。

柏拉图肯定会认为这很奇怪:他的《理想国》(*Republic*)是一本关于正确教育统治阶级的哲学小册子。但丁在13世纪佛罗伦萨的骚乱中寻找秩序和稳定,他致力于寻找的不是基督教世界的良心,而是建立帝国政党。现代伟大国家的缔造者汉密尔顿、加富尔、俾斯麦、列宁,他们每个人的心中也都有某个真实的人或群体,可以实现他们的伟大设想。当然,在这个理论中的代理人各不相同,他们是地主、农民、某个工会、军阀阶级或制造商；还有些理论服务于某个教派、某些国家的统治阶级、某个民族或种族。除了自由主义哲学之外，其他理论总是针对特定的人群。

与之相比，自由主义哲学拥有某种模糊的超凡脱俗的气质。人们对它的敬意犹存，尽管它的逻辑理论存在缺陷，它的实践也有诸多不足，但是，它的确触及了人类的某种需求。人群中流传着这样的疑惑：实现人与人和谐相处，难道这不正是人类渴望的和平方式吗？在我看来，回避追求个体目标而去追求普遍目标，回避追求人的个性而去追求某种共性，这当然回避了人类面临的问题，但与此同时，这恰好表明了我们希望如何解决这一问题。我们在寻求一种折中的方案，尽可能完美，尽可能不受困扰，就像我们出生前一样。即使如某些人所言，人类是一种好斗的动物，他也会希望有一个能让他完美战斗的世界，敌人的逃离要足够快，以使他扩张自己的领地，但是，也别逃得太快，所有人都渴望用自己的力量改变世界，但那不过是渴望而已，他们仍然是有局限性的人，生活在自己有限的世界中。

由于自由主义不能接受调整共同目标以适应永远

存在的个人目标，它仍然是一个不完整的、无实体的哲学。它在这个"一而众"的古老问题上遭遇了挫败。然而，如果我们停止将社会人格化，这个问题不会那么难以解决。只有当我们被迫将社会人格化的时候，我们才会迷惑于如何将不同的个体组合成一个和谐的有机体。如果我们不把社会当作万事万物的协调者，那么，这一逻辑荆棘便可以被清除掉。这样我们就可以不存任何理论疑惑地说，常识清楚地告诉我们：是个体在思考，而不是集体；是画家在绘画，而不是艺术精神；是士兵在战斗牺牲，而不是民族；是商人在开展贸易，而不是国家。是所有这一切之间的相互关系形成了社会。正因为要梳理这些关系，所以与某一具体混乱事件无关的个体民众可以通过形成舆论，作为一名公众，参与其中。

# 第十五章 缺位的统治者

## 一

社会一元论的实践已经使社会中政治权力、经济权力的广泛集中合理化。由于社会作为有机体，被认为应具有其自身根本的目标，所以这些目标应通过法律和决策由权力中心出发清楚地告知人民，这似乎非常合理。必须有人告诉人民一个目标，这个目标可被当作共同目标；如果它被接受，它就必须通过命令来执行；如果它看起来的确像是国家的目标，它必须作为一项对所有人都有制约作用的规则传承下去。正如歌德在诗中写下的：

一项奇迹终于得建，

一种精神足以表达千种愿望。[1]

以这种方式，伟大社会的赞歌已经写就。两千年前，所有如古代中国与古罗马帝国那样的成熟文明可以互不往来共存于世。而今，食物供给、原料加工、制造业、通讯以及世界和平等构成了一个巨大的系统，其中的任何部分出了问题都会导致整个系统的严重失衡。

俯视这一系统，其中广泛存在而又错综复杂的各种互动关系蔚为壮观。也许像某些充满希望的人们所认为的那样，它本质上意味着人类手足情深，因为所有生活在现代社会中的人显然都彼此相互依存。但是，作为个体，人不会俯视这个系统，或者展望到它的终极发展方向。对他而言，看到的就是周围的真实生活，感受到的就是实实在在的生活水平的提高，还伴随着他命运中数不清的各种压力。在乡村，我的邻居借钱种植马铃薯，却不能将马铃薯卖掉换钱，他面对乡村商店要求立即支付现金的账单无能为力，

---

[1] 《浮士德》第二章，第五幕，第三场。

他无法分享那个对相互依存的世界充满期待的哲学观点。如果远在纽约的经销商拒绝了他的马铃薯，这对他来说，将是一场如同旱灾或蝗灾一样的灾难。

5月播种，9月收获，这自古以来的耕种规律而今已经改变。春种、秋收不仅受制于天，还受制于看不见的人，如同放风筝，他们用一根细线便可在远方操控一切。他的生活也许会比先辈更丰富、更富有、更健康，而且据他所知，也许更幸福。但是，他的生活却受制于看不见的人，以及那些人令人迷惑的行为。看不见的市场对他来说至关重要，他的眼界和能力已经无法起决定性作用了。他只是延伸到地平线并超越了他视野的链条上的一个环。

推销技巧和投机行为所扮演的角色，是衡量人们付出与收获的一把尺子。为了将兰开夏的出产推向市场，迪布利说："仅曼彻斯特和利物浦两地的商人和仓库老板所拥有的资金就比整个棉花加工贸易业所需的资金多得多，更不要说兰开夏其他城镇的营销机构。"[1]依据安德森的计算，1915年，芝加哥期货市场上的

---

[1] G. B. 迪布利，《供求法则》(*The Laws of Supply and Demand*)，引自小 B. M. 安德森，《货币价值》(*The Value of Money*)，第259页。

谷物价格是实际收购价的62倍，成交价还不知翻了多少倍[1]。当人们为一个看不见的、不确定的市场提供产品的时候，"企业家的最初设想"[2]是跟不上随后的变化的。市场调节通常是粗略的，代价是高昂的，需要靠推销技巧和投机行为来体现成效。

在这种情况下，无论是手工匠人自始至终在整个工作流程中精密的操作规范，还是节俭、经济和劳作的美德，都不是事业成功的完整指南。笛福在《地道的英国商人》（*Complete English Tradesman*）[3]一书中称"贸易不是一场假面舞会，人们不必戴着面具扮演角色……贸易应该是朴素的可见的真实生活场景……以用心和节俭为基础……"因此，"审慎地经营和节俭的美德将会创造出无穷的财富"。本杰明·富兰克林也许会认为，"一个人，通过诚实劳动获得一切，并将他获得的财富（除了必要的开支）积累起来，必将变得富有。如果是全能的上帝主宰着世界，所有的人都应该通过诚实劳动请求他的赐福，而不是依靠明智的天意或者判决祈求命运的改变"。直到最近，才

---

1 小B.M.安德森，《货币价值》，第251页。
2 同上。
3 参见沃纳·隆巴特，《资本主义的本质》（*The Quintessence of Capitalism*），第七章。

有人用笛福和富兰克林的话来劝导年轻人，尽管其中并不总是包括富兰克林有关全能上帝的说法。但是如今，成功的福音中已经很少包括节俭，更多的是愿景和商业信息。在所有堂皇的言辞下，这个新的福音朦胧地指出了一个事实，成功者必须将他的思想投入无形的外部世界。

这滋生出一种大规模的组织体系的专横倾向。为了自我保护，对抗看不见的经济力量，对抗强大的垄断者或恶性竞争，农民们建立起大型的集中销售代理机构，商人们建立起大行业协会。每个人都是有组织的，直到协会的数量和拿工资的秘书不计其数。这种现象很普遍。如果我没记错的话，我们已经有了"全国微笑周"（National Smile Week）。无论如何，我们已经看到了内布拉斯加州的例子，如果你希望在内布拉斯加州禁酒，那么，你必须在所有地区都禁酒，因为内布拉斯加州无法独存于世，它在国际贸易中的力量是那么微不足道。我们已经有了认为社会主义只能存在于社会主义星球上的社会主义者；我们已经有了深信资本主义只能存在于资本主义星球上的国务卿休斯[1];我们已经有了只能逆潮流而存在的所有帝国主义者;我们已经有了相信在全国范围内组织并兜售仇恨便会滋生出更多仇恨的三K党人;我们已经有了1914年前被告知必须在"强大与没落"之间做出选择的德国人;我们已经有了1919年后许多年间,除非其他国家都感到不安全,否则就无法在欧洲拥有安全感的法国人;我们已经有了在无法估量的环境中以自己意愿为标准寻求稳定的冲动。所有的这一切构成了人们行动的背景。

为了将越来越多的人纳入同一法律体系和习俗框架内,已经付出了太多努力,当然,目的是希望在更大的范围内拥有立法权和法律执行权,其效果由中央政府、政府各分支机构、地方委员会以及权力委员会集中评估。无论这种集权力量是好是坏,是永久的还是临时的,它至少是客观存在的。处于权力中心做决策的人总是离他们所统治的人民以及他们要处理的事务很遥远。即使他们尽职尽责,真心把自己当作代理人或受托人,说他们是在执行人民的意愿也纯属虚构。他们也许会英明治理,但不会与人民积

---

[1] 查尔斯·埃文斯·休斯(1862—1948),美国政治家,共和党人,第四十四任国务卿。——译注

极协商。他们最多制定宏观政策，来回应只依据具体结果判断和行事的全体选民。统治者看到的是宏观图景，在这幅图景中变化无穷的具体细节模糊不清，他们的缺点是抽象和概括，在政治中体现为法律主义和官僚主义。相反，被统治者看到的是他们无法想象的宏观图景中生动而真实的细节，他们普遍的缺点是把个人偏见当成普遍真理。

决策中心与现实世界之间的距离不断加大，侵蚀了所有先前理论家所依据的舆论学原理[1]。一个世纪前，小国论被推崇。在小国中，选民可以通过与邻居们交谈，充分交换并修正彼此的观点。他们当然还可以参考女巫、神灵、外国人，以及其他来自其他世界的古怪看法。但是，关于小国本身，没有什么值得争论的事实。年长者不可能凭借一点点聪明才智就把他们的普通法置于一个众所周知的先例之下。

但是，如果管理缺位，就会缺少对观点的检验。其结果通常是久拖不决，错误无法被及时发现。相关因素太遥远，它们无法真切地指导人们的判断。现实遥不可及，主观臆断广泛存在。在相互依存的世界里，

---

[1] 参见本人所写的《舆论》第16、17章。

主观意愿比习俗和客观规律更容易成为人们的行动准则。他们构想出的"安全"需求，以牺牲其他所有人的安全为代价；他们构想出的"道德"需求，以牺牲他人的体验和舒适为代价；至于国家命运的实现，则包括在你想要什么就会得到什么。行动与经验、原因与结果之间的距离越来越远，孕育出对自我表达的狂热崇拜，在这其中，每一个思想家都只是想自己所想，沉醉在自己的感觉中。因此，他无法对社会进程产生深刻影响，也就不足为奇了。

二

不经历一番反抗斗争，伟大社会的集权倾向是不会被接受的，而且反抗会一次又一次地出现。[1]托克维尔认为，没有基层公共机构，一个国家也许会处于自治状态，但并不拥有自由精神。集权就是为了便于权力的攫取。"你们要做什么？"阿瑟·杨在法国大革

---

1 参见J. 查尔斯·布龙，《区域制度》（*Le Régionalisme*），第13页及其后各页。参见沃尔特·汤普森（Walter Thompson），《联邦中央集权》（*Federal Centralization*），第19章。

命时期对一些地方省发问。"我们不知道，"他们回答，"我们得看巴黎要做什么。"地方事务掌控在遥远的集权者手中，由事务繁忙且漫不经心的人来处理。与此同时，培养和选拔基层政治人才也被忽略了。不堪重负的中央权力机构膨胀成巨大的官僚阶层，其行政官员要处理海量文件，却几乎接触不到那些具体的人或事。在法国一位教育部长著名的夸耀中，中央集权登峰造极，他说："现在是3点钟，法国所有三年级的学生都在写一首拉丁诗。"

无须赘述，中央集权统治越甚，人民参与讨论并给出思考意见的可能性就越小；中央集权统治范围越广，它能够考虑到的事实真相和具体环境的信息就越少；它与基层体验的冲突越多，距离源头越远，自我意识越强，它的强制力就越弱。通用规则常与具体需求相抵触，远方强加于人的规则通常会缺少认同。由于越来越无法满足人们的需求，与人们的想法的差异越来越大，所以他们更加依赖武力而不是习俗和理性。

一个集权社会建立在一个假想的基础上，即统治者是共同意志的代言人。这个假想不仅降低了个体的主动性，而且使公众舆论变得毫无意义。当人们作为一个整体采取行动时，公众是如此庞大，以至于对具体事件哪怕是粗略的客观判断都不具有可行性。在前面的章节中我们指出，一个公众或许可以判断一个规则的可行性或者一个新提议的合理性，但是，当公众人数达到数以百万计的时候，问题就会无可救药地纠缠在一起，这样的公众参与毫无价值。在这种状况下，谈论民主或讨论民意改良是没有意义的。面对如此复杂的情况，公众只能是在选举期间表达自己支持或反对当权者，余下的时间里便只有容忍它、顺从它或者逃避它，这看起来是最简单易行的。因为在实践中，有机社会理论意味着权力的集中，也就是说，统一意志的概念实际上是在政治事务中体现的。这反过来也就意味着人们必须接受他们个体意志的挫败，或者设法揭穿集权者宣称代表所有人意志的谎言。

# 第十六章 混乱的领域

一

中央集权的实践和社会人格化哲学对于控制民众很奏效,但是,其危害也已经众所周知。然而,这种实践和理论如果仍然可以持续存在,则不仅仅是因为民众已经被错误的教条引入歧途。

如果研究一下中央集权倡导者列举出的困难,如全国禁酒令、全国童工修正案、联邦教育控制、铁路国有化,我认为这些困难可以归结为一个占主导地位的观点,即有必要将控制的范围延伸到问题的所有方面,否则就无法解决问题。

劳埃德·乔治先生在任期临近尾声面对批评时,

正是出于这一想法提出上诉。虽然他的话有巧辩的成分，但其背后蕴含的思想可谓伟大社会中一切独裁倾向和集权倾向的原动力。他说：

"格雷勋爵企图寻求巴尔干地区的和平。他实现了和平。但是，这种和平经不起从伦敦到巴尔干的火车颠簸。在到达索非亚之前，和平就已经破碎了。这并不是他的错，计划是好的，初衷是好的，但是，存在着他无法掌控的因素。他企图阻止土耳其人介入战争对抗我们，这是一个最重要的问题，但德国的外交对他来说太强大了。他还企图阻止保加利亚介入战争对抗我们，然而，德国的外交再一次打败我们。好吧，我从来无意奚落格雷勋爵，现在也是如此，但我要说的是，当你介入外交领域时，有些事情我不想说你无法想象——其实你就是无法想象——但那里的确有诸多因素你根本无法掌控。"[1]

格雷先生或许也对国内事务发表过这般言论。那里同样存在着你无法掌控的因素。帝国扩张，需保卫边境，随着不断扩张，需要保卫的边境地域也不断扩大，所以中央集权政府若要保持控制力，需要它

---

[1] 在曼彻斯特的演讲，1922年10月14日。

处理解决的问题将接踵而至,令其应接不暇。

二

民主政治陷入窘境:一方面,他们感到沮丧,除非在制定规则的过程中拥有广泛的认同;而另一方面,他们似乎无法找到解决其最大问题的方案,除非无视认同原则,强制推行其制定的规则。这个折磨民主政治的痼疾似乎无法通过民主自身的方式来解决。

在重大危机中,这种窘境必然存在。也许会为民主爆发一场战争,但是,战争不会用民主的方式进行。也许会为推动民主爆发一场革命,但是,革命本身将被独裁势力主导。也许民主会被保护不受敌人侵害,但是,保护它的将是一个安全委员会。自1914年以来的战争与革命的历史已经对此给予了充分证明。面对危险,哪里需要迅捷、协同的行动,哪里民主的方式就行不通。

这是很容易理解的。但是,在相对和平和较少灾难的年代,为什么民主方式也会被普遍抛弃呢?在和平时期，为什么民众还要选择剥夺他们权利的集权统治呢？在某些问题面前，即使在和平时期，问题的严重程度也足以使人们去寻求补救的办法，无论是什么办法，只要是触手可及的最简单的办法就行。这难道不就是答案吗？

我认为，可以证明，看起来最重要的问题可分为两种：一种是国防或公共安全问题，另一种是现代资本主义发展问题。哪里一个民族面临武装敌人的威胁，或者雇员、顾客、农民与大规模工业之间的关系出现问题，哪里解决实际问题的需要就会远超对民主的所有兴趣。

民族国家的兴起以及大规模工业的发展所引发的问题是现代社会的新的根本性问题。解决这些问题没有前车之鉴，也没有现成的习俗和法律制度可供参考。国际关系领域和劳资关系领域是社会无政府状态的两大中心，而这种无政府状态普遍存在。这个民族国家拥有强大的军事力量，大工业拥有复杂的经济强制力，因此对个体安全的威胁不断增强。在某种程度上抵消它、检查它并阻止它，这似乎比对任何认同原则的重视都重要得多。

因此，面对这个民族国家的威胁，它的邻国会试图将自己打造成更强大的民族国家。为了驯服资本主义力量,他们支持庞大的官僚机构的发展。为了对抗危险的不可控力量,他们建立起名义上属于自己的力量,而实际上,这力量同样巨大,同样不可控。

## 三

通过巨大的力量平衡实现的安全只是间歇性的不稳定的存在。从1870年到1914年,世界看起来总体平静,但事实上,情况很糟糕,世界还没有建立起新秩序,各国内部的力量平衡关系依旧不稳定。因为无论在大规模工业领域,还是在国际关系领域,都不可能通过建立规则和制度形成足够长时间的稳定以解决问题。此时或彼时,这里或那里,力量之间相互制约,但它们无法控制彼此,而控制条款已经达成并被接受。

试图通过力量抵消力量,使之处于受控状态,这听起来是合理的。人们相互抵触的利益诉求无法和平调解,除非所有的霸道倾向都被其他力量抑制住。所有的会议机制、和谈机制、法治和理性机制,只有谈判各方的力量能够相互抵消，它们才会发挥作用。力量能够抵消也许是因为各方力量相当，也许是因为弱的一方暗中联合了其他力量，也许是因为其国内事务可以影响对方国家的利益。但是，在有法律之前必先有秩序，而秩序是一种权力的安排。

对于民族主义者和集体主义者来说，最糟糕的是他们试图建立的力量平衡无法持久。多元论者至少会说，他们追求的目标必须以不同的方式来实现，要形成许多微小的力量平衡，以取代规模巨大的力量平衡。支持中央集权的民众作为一个整体，不能从整体上驯服资本主义，因为资本主义这个词所涵盖的力量非常多，这些力量分别影响着不同群体。国家作为一个整体，无法应对所有这些力量。不同的相关群体，必须找到一种力量来抵消施加于他们的专权力量。以可行的法律削弱资本主义，不在于用普遍法律对其进行全局上的打击，而是在细微处，在每一个工厂里，在每一个办公室里，在每一个市场里击败它的专权力量，使工业化运作下的关系网络从由专制力量掌控转变为由制度规则掌控。

国家间也普遍存在着混乱状态。如果认为国家的所有行为和人的所有行为一样，是有机的，那么，稳定的力量平衡是不可能实现的。在这里,同样,打破社会同一性的幻想是有必要的,我们应该相信,一个商人和另一个商人的争吵就是他们之间的争吵,而不是国家间的争吵。在争吵中,各方都有权为自己获得公平裁决而辩护,但是请不要以爱国为名。只有将个人利益分离出来,国与国之间的大量争端也才有可能逐渐地被清晰有序地处理。在很大程度上,国家之间的争端是其国民之间积累的大量没有解决的争端导致的。如果这些本质上属于私人性质的争端能够被解决,无须假借爱国之名,无须将一名石油勘探者和国家混为一谈,各国政府在法庭上以朋友的身份出现,而不是作为当事人的辩护律师出庭,那么,国家间的力量平衡就会更容易维持。它不会受到国内持续不断的攻击,以及寻求国家支持的私人利益集团永无止境的质疑宣传的干扰。如果国家间的力量平衡能够长时间地保持稳定,足以建立起一系列国际关系的规范化机制,也许就会实现更长久的和平。

## 四

这些粗线条勾勒出的结论,在我看来,无非是希望使民主理论能够与更接近真实的公众舆论的本质相结合。我认为,公众舆论不是上帝的声音,也不是社会的声音,只不过是有一定利益相关性的旁观者的声音。因此我认为,旁观者的意见与采取行动者的意见有本质上的差别,二者所能采取的行动也有本质上的差别。在我看来,公众在公共事务中确能发挥一定的作用,但必须根据自身特点,用自己的方式,适当参与,这与执行者也有本质上的差别。认为个人目标仅仅是共同目标的组成部分,这是非常危险的。

在我看来,这一社会观念,比赋予公众舆论神圣权力更加真实、可行。它不认为采取行动的人心怀共同目标,他们不再是那个假想所支持的共同目标的代理人。他们应被视为一个个具体目标的代理人,没有伪装,没有窘迫。他们一定是生活在一个还有其他怀有不同目标的人的世界里。需要进行调整的是社会,最好的社会是人们能够以最少的挫折感实现目标的社会。当以尊重他人意愿的姿态采取行动的时候,这个人就已经是合格的公众了。使环境有利于各种特定目标的和谐共存，是公众，这种社会角色的最终职能。

这一理论将直接相关者视为最可信的人，由他们发起，由他们管理，由他们解决，这可以最大限度地减少无知的爱管闲事的局外人对他们的干扰。在这一理论中，公众只在危机时刻才有必要干预进来，不是去处理问题本身，而是制衡专权力量。这一理论主张有效地利用公众力量，尽可能少地参与他们无法胜任的工作。这一理论界定了公众职责，作为公众，去做他们能做的事，去关注社会中与他们的利益最为相关的事，去参与他们能够帮助平息混乱的事，这样，他们才真正回归到了自己的职责本位。

因为他们最感兴趣的只是自己的事情。公众个体的价值在于他们的劳动可以增进社会福祉。我并不看好公众舆论和大众的行动能够做出什么成就。

## 五

我无意为立法提供方案，也无意于设立新的机构。我相信，在现行的民主理论中存在着极大的混乱，使它的行动受挫并扭曲。我攻击了某些混乱之处而没有给它们定罪,除非一种错误的哲学倾向于坚持用刻板思维对抗经验教训。当我们学会了正确对待公众舆论,还原它的真实样貌,而不是赋予它我们为其虚构出来的权力,我不知道会收获什么。如果我们理解了边沁的这句话,那就足够了:"模糊的话语带来困惑……分散并躲避不安,刺激并点燃激情。"

# 索引

| | |
|---|---|
| Absentee rulers defined | 缺位的统治者的概念,122—129 |
| Action, public, defined | 公众行为的概念,047—048 |
| Agencies defined; fact-finding | 代理的概念,088;事实考察,027 |
| Agent, public not | 公众不是代理人,114—121 |
| Agents and bystanders defined | 代理人与旁观者的概念,023—032 |
| Anarchy | 无政府状态,113—114,135 |
| Anderson, Jr., B. M. | 小B. M. 安德森,124—125 |
| Arbitrary force, neutralization of | 抑制专制,040—048 |
| Aristotle | 亚里士多德,051—052,097 |
| Assent, defined | 认同的概念,081—085,090,134 |
| | |
| Bacon, Francis | 弗朗西斯·培根,114 |
| Balkans | 巴尔干地区,133 |
| Behavior; reasonable, defined | 行为,034,036;合理行为的概念,100—102 |
| Bentham, Jeremy | 杰里米·边沁,141 |
| Bergson, Henri | 亨利·柏格森,018 |
| Birth control, its relation to food supply | 与粮食供给相关的人口控制,058—062 |
| Bismarck, Prince von | 俾斯麦,004,119 |
| Brun, J. Charles | J. 查尔斯·布龙,129 |
| Bryan, William Jennings | 威廉·詹宁斯·布赖恩,020,043 |

| | |
|---|---|
| Bryce, James | 詹姆斯·布赖斯,007 |
| Bulgaria | 保加利亚,133 |
| Business, new gospel of | 信奉新信条的商业,122—129 |
| Bystanders and agents defined | 旁观者与代理人的概念,023—032 |

| | |
|---|---|
| Capitalism | 资本主义,021,126,135—137 |
| Carr-Saunders, A. M. | A. M. 卡尔-桑德斯,059 |
| Cassel, Gustav | 古斯塔夫·卡塞尔,062—064 |
| Cats, mice and clover | 猫、田鼠与三叶草,016—017 |
| Cavour, Count di | 加富尔伯爵,119 |
| Centralization of government. *See* Government | 中央政府,参见"政府"词条 |
| Change, unnoticeable | 不易察觉的变化,058—062 |
| Chanticleer | 公鸡,004 |
| Chicago mayoral election | 芝加哥市长选举,006 |
| Chinese and Greco-Roman civilizations | 古代中国与古罗马文明,123 |
| Citizen | 公民,003—005,007—014,016,019—024,102—105 |
| Citizenship | 公民权,102—105 |
| Civic duty, derision for | 对公民义务的嘲笑,003—005,104 |
| Civil rights | 公民权,038 |
| Civilization | 文明,123 |
| Clover, cats and mice | 三叶草、猫和田鼠,016—017 |
| Competence | 能力,105 |
| Conduct | 行动,127 |
| Conformity, test of, defined | 遵从检验的概念,085 |
| Conscience | 良心,070,117,119 |

| | |
|---|---|
| Contracts, social; defined | 社会契约,023—026,065—073;社会契约的概念,069—073 |
| Control | 控制,034 |
| Controversy | 论战,051—053 |
| Cooperation | 相互协作,069 |
| Corruption | 腐败,045—047 |
| Criteria of reform defined | 改革的标准,088—099 |
| Criticism | 批评,085—086 |
| Crisis | 危机,042—045 |
| Crisis, public opinion reserve force in | 危机中的公众舆论储备力量,042—045 |

| | |
|---|---|
| Dante | 但丁,119 |
| Darwin, Charles | 查尔斯·达尔文,016 |
| Debate, public value of, defined | 公开辩论的价值的概念,076—079 |
| Defective rule defined | 有缺陷的规则的概念,080—087 |
| Defoe, Daniel | 丹尼尔·笛福,125 |
| Delbrück, Hans | 汉斯·戴布流克,037 |
| Democracy | 民主,006—009,013,016,019,045—047,102—105,134—136,139—141 |
| Democratic theory | 民主理论,004,035—039,102—105 |
| Democrats | 民主党人,035—039 |
| Derision of citizens | 对公民的嘲讽,003—005 |
| Descartes | 笛卡尔,053,054 |
| Dibblee, G. B. | G. B. 迪布利,124 |
| Dictatorship | 独裁,134 |
| Disenchanted man defined | 幻灭之人的概念,006—009 |

| | |
|---|---|
| Disorder, idea of; realms of, defined | "混乱的思维", 018; 混乱的领域, 132—141 |
| Dogma of assent | 认同的教条, 080—082 |
| Duties and rights, *See* Rights and duties | 义务与权利, 参见"权利与义务"词条 |

| | |
|---|---|
| Economic problem defined | 经济问题的概念, 063 |
| Education; public, defined | 教育, 010—022; 公民教育的概念, 102—105, 114—121 |
| Election, defined | 选举的概念, 035—039 |
| Elections, defined | 选情, 088—091 |
| England | 英格兰, 037, 058 |
| Enterprise, Macaulay on | 麦考利项目, 030—032 |
| Enterprisers | 投资者, 122—129 |
| Environment | 环境, 003—005, 051—053, 122—129 |
| Erickson, E. M. | E. M. 埃里克森, 006 |
| Eugenics | 优生学, 019 |
| Evasion of law | 法律规避, 085—087 |
| Evils of democracy | 民主弊端, 010—022, 122—131 |
| Evolution | 演变, 056 |
| Executive action | 具体执行, 101 |
| Expectations | 期待, 010—022 |
| Exploiters | 开拓者, 114—121 |

| | |
|---|---|
| Fable of professor | 教授的寓言, 014 |
| Food supply | 粮食供给, 058—059 |

| | |
|---|---|
| Fordney-McCumber tariff | 福德尼-麦坎伯关税条款,015 |
| Franklin, Benjamin | 本杰明·富兰克林,125 |
| French security | 有安全感的法国人,127 |
| French Revolution | 法国大革命,037,130 |
| Frugality | 节俭,125—126 |
| Function, government, defined; relation to competency | 政府职能的概念,045—047;与能力相关的职责功能,104—105 |
| German diplomacy | 德国外交,133 |
| Germans | 德国人,127 |
| Goethe | 歌德,122 |
| Gosnell, Harvey Foote | 哈维·富特·戈斯内尔,006—007 |
| Government; defined; function defined | 政府,003—005,023—025,030—031,045—047,078,084,089,103,127,134,138;政府的概念,051—053,088—091;政府职能的概念,045—047 |
| Grant, Madison | 麦迪逊·格兰特,010 |
| Great Society | 伟大社会,025,052—053,068,123,129,133 |
| Greco-Roman and Chinese civilizations | 古罗马与古代中国文明,123 |
| Grey, Lord | 格雷勋爵,133 |
| Guedalla, Philip | 菲利蒲·圭达拉,004 |
| Gun elevation | 火炮射角,062 |
| Hamilton, Alexander | 亚历山大·汉密尔顿,119 |
| Hegel | 黑格尔,067 |
| Hegelian mystery | 黑格尔的神秘主义,028 |
| Hertzen, Alexander | 亚历山大·赫森,008 |

| | |
|---|---|
| Hughes, Charles Evans | 查尔斯·埃文斯·休斯,127 |
| Human values defined | 人类的价值观的概念,065—067 |

| | |
|---|---|
| Idea of disorder | "混乱的思维",018 |
| Ideal | 理想的,032,047 |
| Idealization | 理想化,036,069 |
| Ideals | 理想,004 |
| Ideas | 想法,029 |
| Imperial Party | 帝国政党,119 |
| Initiative and referendum | 选民主动性,008 |
| Innovation | 创新,080—082 |
| Inquiry, test of, defined | 调查检验的概念,092 |
| Intelligence | 智力,042—045,094—097 |

| | |
|---|---|
| Jefferson, Thomas | 托马斯·杰斐逊,112 |
| Justice | 正义,042—043 |

| | |
|---|---|
| Keynes, J. M. | J. M. 凯恩斯,111 |
| Knowledge | 知识,012,016 |
| Ku Klux Klan | 三K党,127 |

| | |
|---|---|
| Lancashire goods | 兰开夏的出产,124 |
| Laski, Harold J. | 哈罗德·J. 拉斯基,113 |

| | |
|---|---|
| Latin America | 拉丁美洲,038 |
| Latin verse | 拉丁诗,130 |
| Law | 法律,044,069—073,085,092—093,135—137 |
| Laws; assent to, defined; defective, defined; test of, defined | 法律法规,042—047;赞同法律法规的概念,080—087;有缺陷的法律的概念,088—099;法律法规的检验的概念,094—097 |
| Leaders | 领导者,008 |
| League of Nations | 《国际联盟盟约》,093 |
| Lenin | 列宁,119 |
| Liberal defined | 自由主义者的概念,114 |
| Liberalism defined | 自由主义的概念,114—121 |
| Liberals | 自由主义者,114—121 |
| Liberties of men defined | 人的自由的概念,033—034 |
| Liberty, spirit of | 自由精神,129 |
| Lloyd George, David | 戴维·劳埃德·乔治,111,132 |
| Lombart, Werner | 沃纳·隆巴特,125 |
| Lowell Lawrence A. | A. 劳伦斯·洛厄尔,008 |

| | |
|---|---|
| Macaulay, Lord | 麦考利勋爵,030 |
| Macgowan, Kenneth | 肯尼思·麦高恩,115 |
| Majority; rule defined | 多数,008;多数裁定原则,036 |
| Malthus, T. R. | T. R. 马尔萨斯,058—059 |
| Man, disenchanted | 幻灭之人,003—009 |
| Manchester, Lloyd George at | 劳埃德·乔治在曼彻斯特,133 |
| Mayoral election in Chicago | 芝加哥市长选举,006—007 |
| Merriam, Charles Edward | 查尔斯·爱德华·梅里亚姆,006—007 |

| | |
|---|---|
| Methods of public men | 公务人员的方法，110—114 |
| Mice, cats and clover | 田鼠、猫和三叶草，016—017 |
| Michelet, Simon | 西蒙·米歇雷特，006 |
| Michels, Robert | 罗伯特·米歇尔斯，008，010 |
| Minorities | 少数派，036 |
| Monistic theory | 一元论，113，122 |
| Monodrama | 独角戏，115 |
| Moral Code | 道德准则，015—016，019，047 |
| Moral codes | 道德规范，057 |
| Moralists | 道德家，014 |
| Morality | 道德，069 |
| Morrow, Dwight | 德怀特·莫罗，037 |
| Morse, Prof. | 莫尔斯教授，037 |

| | |
|---|---|
| Napoleon III. | 拿破仑三世，004 |
| National defense, problem defined | 国防问题的概念，061 |
| Nationals | 国民，136 |
| Nationalism | 爱国主义，014，042 |
| Neutralization of arbitrary force | 抑制专制，040—048 |
| Neutralized power | 中立的力量，136—138 |
| Newspapers | 报纸，004，026，046—047 |
| Nonvoting | 弃权，006 |

| | |
|---|---|
| Officials, Government | 政府官员，023 |
| Ogburn, W. F. | W. F. 奥格本，060，069 |
| Omnicompetency of citizens | 公民的无上权力，007，012，019 |
| One and Many problem | 一而众的问题，121 |
| Opinion | 意见，029，032，034，038 |

| | |
|---|---|
| Opinions defined | 意见的概念，027—030，114—121，139—141 |
| Opposition parties | 反对党，008 |

| | |
|---|---|
| Party government | 政党政治，037 |
| Party in power | 执政党，089—091 |
| Party system | 政党制度，091 |
| Parties, political | 政党，090 |
| Partisanship | 群体偏见，019 |
| Pawlow, Ivan Petrovich | 巴甫洛夫，015 |
| People; Macaulay on | 人民，007，021，031；麦考利关于人民的观点，030—031，035—039，042—047，122—129，134—138 |
| People's will defined | 人民意愿的概念，045—047 |
| Physical force in South | 南方的原始暴力，035—039 |
| Plato | 柏拉图，119 |
| Pluralistic theory defined | 多元论的概念，113 |
| Political capacity | 政治才能，051—053 |
| Political evils, agents against | 反抗政治邪恶的代理人，114—121 |
| Political leaders | 政治领导者，006—009 |
| Political system changes | 政治体系的变化，057 |
| Political talent neglected | 政治人才被忽视，130 |
| Political theories defined | 政治理论的概念，010—022 |
| Politicians | 政客，029 |
| Politics, truth in | 政治中的真理，110—114 |
| Policy, public | 公共政策，035 |
| Population problem of, defined | 人口问题的概念，058 |
| Power, arbitrary; balance of, | 强权，047；力量平衡的概念，136— |

| | |
|---|---|
| defined; of public opinion | 138；公众舆论的力量 045—047 |
| Principles of public opinion | 公众舆论的原则，100—102 |
| Problem, nature of; of One and Many | 问题的本质，054—064，088—091；一而众的问题，121 |
| Problems of citizen defined | 公民问题的概念，003—005，010—022，040—045，054—064，088—094，097—099，132—134 |
| Professor, fable of | 教授的寓言，014 |
| Protocol for the Pacific Settlement of International Disputes | 《国际争端太平洋议定书》，093 |
| Public; powers defined; relation to public affairs defined; debate,value of, defined; education defined; in any situation defined;dangers to, defined | 公众，023—026；公众力量的概念，030—032；与公共事务相关的公众的概念，040—045，051—053，071—073，074—075；公开辩论价值的概念，076—079；公民教育的概念，102—105；任何情况下的公众的概念，114—121；对公众威胁的概念，134—136 |
| Public affairs | 公共事务，003—005，008，012，014，022，034，040—046，132—138 |
| Public judgment | 公众的裁决，080—082 |
| Public life, candor in | 公众生活中的坦率，111 |
| Public men, methods of | 公务人员的方法，112 |
| Public office, education for | 公职教育，105 |
| Public opinion; and public affairs; defined; function of, defined; principles of; tests of, defined | 公众舆论，023—030，032，033—034；公众舆论与公共事务的概念，033—034，040—048；公众舆论的概念，045— |

| | |
|---|---|
| | 047, 051—053；公众舆论作用的概念，100—105；公众舆论的原则，100—102，122—129；公众舆论检验的概念，139—141 |
| Publicity | 宣传，023—026 |
| Publics, random | 随机的公众，051 |
| | |
| Question Aristotle asked | 亚里士多德之问，051—053 |
| Question, two | 两个问题，074—075 |
| | |
| Realms of disorder | 混乱的领域，132—141 |
| Reason | 推理，044 |
| Reform Bill | 《改革法案》，030 |
| Reform, criteria of | 改革的标准，088—099 |
| Reform; test of, defined | 改革，088—091；改革检验的概念，094—097 |
| Reformer | 改革者，088—091 |
| Registered voters | 注册选民，007 |
| Revivalists | 复兴运动倡导者，010 |
| Revolution | 革命，037，095，134 |
| Revolution, French | 法国大革命，037，130 |
| Rights | 权利，067—069 |
| Rights and duties defined | 权利与义务的概念，067—073 |
| Rousseau, J. J. | J. J. 卢梭，067 |
| Rule; defective, defined | 规则，042—045；有缺陷的规则，080—087 |
| Rules. *See* Laws | 法规，参见"法律法规"词条 |

| | |
|---|---|
| Rules of society | 社会法规，080—082 |
| Rulers, absentee, defined | 缺位的统治者，122—131 |

| | |
|---|---|
| Santayana, George | 乔治·桑塔亚纳，065 |
| Schlesinger, A. M. | A. M. 施莱辛格，006 |
| School | 学校，004 |
| Self-government | 自治，008 |
| Settlements | 协议，084 |
| Shaw, G. Bernard | 萧伯纳，036—037 |
| Smith, Logan Pearsall | 洛根·皮尔索尔·史密斯，005，013 |
| Social contracts defined | 社会契约的概念，069—073 |
| Socialism, theory of, defined | 社会主义理论的概念，010—022，040—042 |
| Socialists | 社会主义者，126 |
| Society; functions defined; defined | 社会，010—022，023—030，045—047，051—053，058—062，067—073，092—097；社会功能的概念，109—114；社会的概念，109—121，122—129 |
| Socrates | 苏格拉底，016 |
| Sovereign people | 至高无上的人民，007，009 |
| Sovereignty | 主宰权，004 |
| Standards | 准则，012，015—016，118 |
| Statesmanship defined | 政治才干的概念，109—114 |
| Steffen, Gustaf F. | 古斯塔夫·F. 斯蒂芬，008 |
| Stoddard, Lothrop | 洛思罗普·斯托达德，010 |
| Submission | 屈从，115 |

| | |
|---|---|
| Supply and demand | 供给和需求，062—064 |
| System, economic; prevailing; of rights and duties | 经济系统，062—064；主流系统，067—069；权利与义务系统，067—069 |

| | |
|---|---|
| Teachers | 老师，012—013 |
| Theory, citizen reigns in | 理论层面上的公民拥有的统治权，003—005 |
| Thomson, J. Arhur | J. 阿瑟·汤姆森，016 |
| Times(London) | 《泰晤士报》（伦敦），031 |
| Tocqueville, de | 托克维尔，129 |
| Trade | 贸易，122—129 |
| Truth | 真理，042—045 |
| Turks | 土耳其人，133 |
| Tyranny | 暴政，045—047 |

| | |
|---|---|
| Unattainable ideal | 无法实现的理想，010—022 |
| United States government | 美国联邦政府，020 |

| | |
|---|---|
| Validity of laws | 法律法规的有效性，074—075 |
| Value is measurement | 价值即衡量，065—067 |
| Value of public debate defined | 公开辩论的价值的概念，076—079 |
| Values, human, defined | 人类的价值观的概念，065—067 |
| Virtue | 美德，010—022，035—039 |
| Voice of public opinion defined | 舆论的声音的概念，139—140 |

| | |
|---|---|
| Vote | 投票，010—022，033—039 |
| Voter | 选民，006—009，010—022，102—105 |
| Voters | 选民（复数），006—009，023—026 |
| Voting | 选举，006—007，021，035—039 |

| | |
|---|---|
| War | 战争，061，134 |
| Williams, John Sharp | 约翰·夏普·威廉姆斯，112 |
| Wirt, William | 威廉·沃特，112 |
| Woman suffrage | 妇女的选举权，035—039 |
| Work | 奇迹，123 |
| World | 世界，015 |
| World power or downfall | 世界强大与没落，122—129 |

| | |
|---|---|
| Yevreynoff | 伊万诺夫，115—116 |
| Young, Arthur | 阿瑟·杨，129 |

### 图书在版编目（CIP）数据

幻影公众 /（美）沃尔特·李普曼著；林牧茵译．—北京：北京联合出版公司，2020.10（2022.4重印）
ISBN 978-7-5596-4478-7

Ⅰ．①幻… Ⅱ．①沃… ②林… Ⅲ．①民主—研究—美国 Ⅳ．① D771.209

中国版本图书馆CIP数据核字（2020）第159799号

### 幻影公众

作　　者：[美]沃尔特·李普曼
译　　者：林牧茵
出 品 人：赵红仕
责任编辑：夏应鹏
策 划 人：方雨辰
特约编辑：王文洁
装帧设计：郑元柏

---

北京联合出版公司出版
（北京市西城区德外大街83号楼9层　100088）
北京联合天畅文化传播公司发行
山东临沂新华印刷物流集团有限责任公司印刷　新华书店经销
字数108千字　787毫米×1092毫米　1/32　7印张
2020年10月第1版　2022年4月第2次印刷
ISBN 978-7-5596-4478-7
定价：48.00元

---

**版权所有，侵权必究**
未经许可，不得以任何方式复制或抄袭本书部分或全部内容
本书若有质量问题，请与本公司图书销售中心联系调换。电话：64258472-800

The Phantom Public by Walter Lippmann
Simplified Chinese edition copyright ©
Shanghai Elegant People Books Co., Ltd.
Copyright © 1993 by Taylor & Francis Group LLC

Authorized translation from the English language edition
published by Routledge, a member of Taylor & Francis Group LLC;
All Rights Reserved.
本书原版由Taylor & Francis出版集团旗下Routledge出版公司
出版，并经其授权翻译出版。版权所有，侵权必究。

Shanghai Elegant People Books Co., Ltd. is authorized to publish
and distribute exclusively the Chinese (Simplified Characters)
language edition. This edition is authorized for sale throughout
Mainland of China. No part of the publication may be reproduced
or distributed by any means, or stored in a database or retrieval
system, without the prior written permission of the publisher.
本书中文简体翻译版授权由雅众文化传播有限公司独家出版并
仅限在中国大陆地区销售，未经出版者书面许可，不得以任何
方式复制或发行本书的任何部分。

Copies of this book sold without a Taylor & Francis sticker
on the cover are unauthorized and illegal.
本书贴有Taylor & Francis公司防伪标签，无标签者不得销售。